알면
똑똑해
지리

평생 딱 한 번 읽는 지리책

# 알면 똑똑해 지리

박동한 · 이윤지 지음

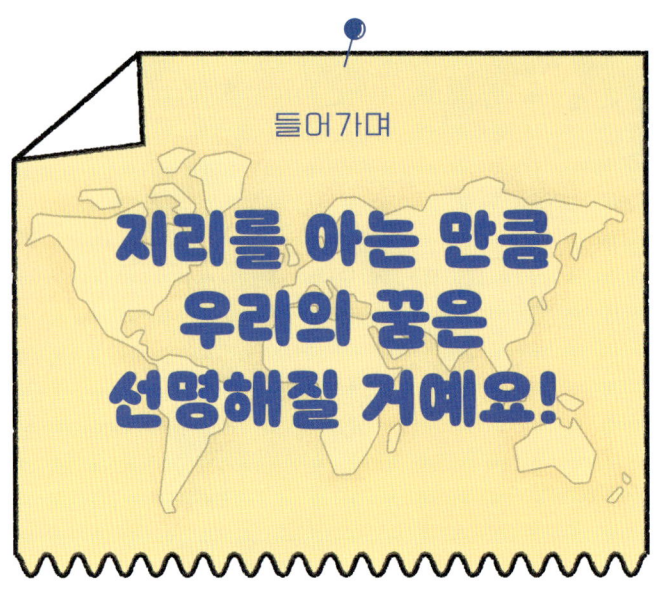

들어가며

## 지리를 아는 만큼 우리의 꿈은 선명해질 거예요!

**언젠가 순간이동을 할 수 있는 세상이 온다면**

2000년, 제가 초등학교 2학년일 때 담임 선생님은 이런 이야기를 하셨어요. "앞으로 여러분은 손바닥만 한 컴퓨터가 있는 세상에서 살게 될지도 몰라요."라고요. 그때 우리 반 아이들 모두가 "하하하" 웃으며 "말도 안 돼요!"라고 소리쳤던 기억이 나네요. 하지만 오늘 우리는 손바닥만 한 스마트폰만 있으면 세계 어디로든 떠날 수 있는 세상에 살고 있답니다.

    여러분들이 어른이 되었을 때, 아마도 2040년쯤이면 순간이동으로 미국으로, 프랑스로, 중국으로도 떠날 수 있을지 몰라요. 만일 그런 기술이 정말로 가능해진다면, 갑자기 여러분 옆에 낯선 나라의 친구들이 나타나 "하이(Hi)!", "봉주르(Bonjour)!", "니하오(你好)!"라고 인사를 하겠죠. 우리와 완전히 다른 세상에 살아온 친구들이 인사를 전할 때 자신 있게 "안녕!"이라고 대답하기 위해서는, 우리 주변에 다양한 친구들이 살고 있고 그 친구들이 어떠한 모습으로 왜 그렇게 살고 있는지를 알아야 하겠지요? 세계 곳곳의 자연환경과 생활 모습을 공부하다 보면 세계의 많은 친구와 쉽게 하나가 될 수 있고 세상을 바라보는 눈이 더 깊어지고 꿈도 커질 거예요.

그러나 학교에 다니면서도 지리 공부를 제대로 하기는 쉽지 않을 거예요. '오늘 하루만큼은 학원에 안 갔으면 좋겠다.'고 생각할 정도로 국어와 영어, 수학 공부를 많이 하면서도 정작 세상이 얼마나 넓고 큰 곳인지, 그곳에 얼마나 크고 다양한 풍경이 펼쳐져 있는지를 배울 수 있는 기회가 많지 않아요. 지리를 가르치고 있는 선생님으로서는, 그저 여러분들이 잘하고 있다고 쓰담쓰담해 주고 힘내라고 토닥토닥해 줄 수밖에 없네요.

## 지리는 세상을 크고 넓게 볼 수 있게 해 주는 공부

국어, 영어, 수학, 과학 등은 참 중요한 과목입니다. 앞으로 여러분이 진학할 대학과 평생의 직업, 취업 등을 결정하는 데 큰 영향을 끼치는 과목이지요. 지리는 그런 스트레스를 주는 과목은 아니에요. 지리를 잘 모른다고 해서 대학에 못 가는 것도 아니지요. 그런데 말입니다. 지리는 우리가

이 세상을 살아가는 일이 얼마나 즐겁고 소중한 것인지를 알려주는 고마운 과목이랍니다.

평소 너무나 당연하기 때문에 '왜?'라는 호기심을 가져보지 않았던 것들이 있을 거예요. 왜 우리는 손흥민 선수의 경기를 새벽에 봐야 하는지 고민하지 않지요. 유럽 사람들이 왜 쌀밥을 먹지 않고 파스타를 먹는지 질문을 던지지 않습니다. 손흥민 선수가 새벽에 축구를 하는 것도, 유럽 사람들이 파스타를 먹는 것도 그저 당연한 일로 여기기 때문이지요. 하지만 '왜?'라는 질문을 던지는 순간, 그리고 그 물음에 답을 찾는 순간, 우리는 완전히 다른 세상을 바라보게 될 거예요. 지구가 어떻게 생겼는지를 알게 되면, 1월 1일 한국을 출발한 여러분이 11시간을 비행한 후에 12월 31일 미국 LA에 도착하는 말도 안 되는 일을 이해할 수 있게 되지요. 쌀밥을 먹고 싶은 유럽인들이 쌀을 안 먹은 게 아니라 못 먹었다는 사실을 알게 된다면 '왜 지구의 한쪽에는 넘쳐나는 것이 지구 반대편에는 존재하지 않는지'에 대한 해답을 찾을 수 있게 돼요.

### 지리를 아는 만큼 미래가 보인다

《나의 문화유산답사기》의 저자이자 문화재청장을 하셨던 유홍준 선생님은 그분의 책에서 '아는 만큼 보인다.'는 유명한 말씀을 하셨어요. 이 말은 그대로 지리라는 과목에 적용할 수 있습니다. 지구가 어떤 모양으로 생겼는지, 지구의 다양한 지형마다 어떤 날씨와 기후가 발달했는지, 어떤 작물들이 자라고 그 작물들이 어떻게 이동하며 세계가 발전했는지를 알게

된다면 오늘날 우리 주변을 둘러싼 많은 문제를 속시원하게 바라볼 수 있어요. 왜 한국에서 주식을 하면서 중동의 석유 가격을 예민하게 생각하는지, 왜 일본이 독도를 자기네 땅이라고 우기는지, 심지어는 앞으로 어떤 직업을 선택해야 더 가치 있는 일을 하게 될 수 있을지도 모두 지리 공부에서 답을 찾을 수 있답니다.

이 책을 통해 여러분들이 더 멋진 꿈을 꿀 수 있기를 바랍니다. 아울러 갑갑한 일상에서 잠시나마 해방되어 '아는 것의 즐거움'을 느낄 수 있게 되길 바라요. 공부하는 틈틈이 재미있게 읽을 수 있는 책, 학원 가는 차 안에서 즐겁게 읽을 수 있는 책, 그런 흥미로운 책이 될 수 있다면 좋겠습니다. 우리 이왕이면 즐겁게 공부해요. 이 즐거운 공부가 미래 여러분의 인생을 더 즐겁게 만들어 줄 거예요. 지리를 배우면 여러분들의 오늘이 더욱 즐거워지리!

**차례**

들어가며: 지리를 아는 만큼 우리의 꿈은 선명해질 거예요!　　004

## 1장. 우리는 지구 속 대한민국에 살아요

▽ 인간은 왜 끊임없이 이동할까요?　　015
  : 지리와 인간

▽ 인간은 왜 지도를 만들었나요?　　020
  : 지도가 필요한 이유

▽ 대한민국은 정말로 작은 나라일까요?　　026
  : 지도의 종류와 실제 면적과의 차이

▽ 정말로 우리가 사는 곳이 우리의 인생을 결정할까요?　　032
  : 대한민국의 수리적 · 지리적 · 관계적 위치

▽ 왜 나라마다 시간이 달라요?　　040
  : 세계의 다양한 시간

▽ 사계절이 없다면 어떤 일이 일어나요?　　048
  : 지구 공전에 따른 계절 변화

▽ 남극의 펭귄과 북극곰 중 누가 더 추위에 강할까요?　　055
  : 남극과 북극

▽ 왜 나라마다 즐겨 먹는 음식이 다를까요?　　063
  : 세계의 기후와 식량

▽ 태양과 가까운 산 정상이 왜 산 아래보다 더 추울까요?　　071
  : 해발 고도에 따른 식생의 변화

▽ 우리나라에는 왜 산이 많아요?     077
   : 우리나라의 산지 지형

▽ 우리나라 하천에는 왜 큰 배가 다니지 않나요?     086
   : 우리나라의 하천 지형

▽ 왜 서해와 남해, 동해의 바다는 모두 다르게 생겼어요?     094
   : 우리나라의 해안 지형

▽ 왜 대구를 '대프리카'라고 불러요?     101
   : 우리나라의 기후

▽ 일본이 독도를 자기 땅이라고 우기는 이유가 뭐예요?     108
   : 한반도의 영토 분쟁

## 2장. 세계에는 다양한 나라들이 있어요

▽ 유독 아시아의 종교와 문화가 다양한 이유는 뭐예요?     119
   : 아시아의 영토

▽ 태풍의 이름은 누가 붙이나요?     126
   : 아시아의 자연

▽ 왜 나라마다 새해가 다른가요?     132
   : 아시아의 생활상

▽ 유럽의 문화가 일찍 발전할 수 있었던 이유는 뭐예요?     141
   : 유럽의 영토

▽ 영국의 음식문화는 왜 프랑스처럼 발달하지 못했을까요?     149
   : 유럽의 자연

▽ 달걀을 사려고 국경을 넘는다고요?　　　　　　　　156
　: 유럽의 생활상

▽ 아프리카 대륙은 왜 퍼즐처럼 생겼을까요?　　　　163
　: 아프리카의 영토

▽ 사막이 자꾸 커지면 어떤 일이 벌어지나요?　　　　170
　: 아프리카의 자연

▽ 착한 바나나라는 말이 있다는 건 나쁜 바나나도 있다는 뜻인가요?　178
　: 아프리카의 생활상

▽ 누가 파푸아뉴기니를 절반으로 잘랐을까요?　　　　184
　: 오세아니아의 영토

▽ 오스트레일리아는 섬이에요, 대륙이에요?　　　　　190
　: 오세아니아의 자연

▽ 마오리족은 왜 혀를 내밀고 춤을 출까요?　　　　　199
　: 오세아니아의 생활상

▽ 미국 국기에는 별이 왜 이렇게 많아요?　　　　　　206
　: 북아메리카의 영토

▽ 아기 돼지 삼 형제가 캘리포니아에 집을 짓는다면?　213
　: 북아메리카의 자연

▽ 미국에도 추석이 있나요?　　　　　　　　　　　　220
　: 북아메리카의 자연

▽ 왜 남아메리카 국가의 이름을 유럽에서 지었나요?　225
　: 남아메리카의 영토

▽ 왜 산소도 부족한 산꼭대기에 살게 된 걸까요?　　231
　: 남아메리카의 자연

▽ 4,000년 전에는 팝콘을 먹으며 무엇을 했을까요?     239
    : 남아메리카의 생활상

## 3장. 우주도 우리 꿈의 무대예요!

▽ 하늘의 별과 달은 어떻게 인간의 길잡이가 되어 주었나요?     249
    : 인간의 삶과 우주

▽ 언젠가 우주에서 살 수 있는 날이 올까요?     258
    : 영토로서의 우주

감사의 글     265

교과연계표: 교과서에서 찾아봐요!     267

이미지 출처     271

1장

# 우리는 지구 속 대한민국에 살아요

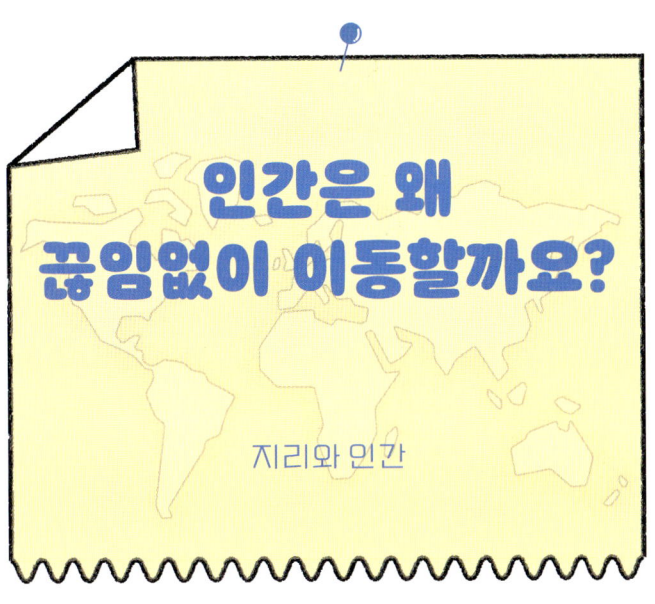

## 더 나은 삶을 위해 이동하는 인간

우리는 끊임없이 이동하며 살아가요. 학교에 가야 하고 학원에도 가야 하고 친구들과 재미있게 놀기 위해 여기저기를 찾아다니기도 한답니다. 가끔 부모님과 여행을 떠나기도 하고 때로는 완전히 다른 지역으로 이사 가기도 하죠. 우리의 인생은 이동으로 시작해서 이동으로 끝난다고 해도 틀린 말은 아니에요. 우리 인간은 왜 이렇게 이동하며 살아갈까요?

    인간이 여기저기 옮겨 다니는 건 어제오늘 일이 아니에요. 이미 아주 오래전부터 더 나은 삶을 살아가기 위해 이동했죠. 내가 원하는 것을 얻으려면 그것이 있는 곳으로 가야 하고, 내가 싫어하는 것을 피하려면 그것이 없는 곳으로 가야 했으니까요. 하지만 과거에는 지금처럼 손쉽게 정보를 얻을 수가 없었기에 사람들은 말 그대로 목숨을 걸고 이동했어요. 아마도 그 시기에는 용기 있는 사람이 더 나은 삶을 얻거나 혹은 더 안 좋은 삶을 살았겠죠. 이를 통해 인간은 점점 내가 사는 곳이 아닌 다른 곳에 무엇이 있는지, 그리고 무엇을 할 수 있는지에 대한 정보를 얻기 시작했어요. 그리고 조금 더 높은 확률로 살기 좋은 곳으로 이동하기 시작했죠.

굳이 큰 용기가 없더라도 지금보다 훨씬 나은 삶을 살 수 있게 된 건 지도가 생기고부터였어요. 지도를 보고 이동하기 시작한 사람들은 그곳에 있는 다양한 정보를 다시 새로운 지도로 표현하고 또 다른 사람들이 글로 읽을 수 있게 책으로 쓰기 시작했죠. 지도 덕분에 더 이상 이동하는데 큰 용기가 필요 없는 시대가 와 버렸어요. 내가 향하는 곳에 무엇이 있는 줄 훤히 알고 가니 그곳에서 어떤 삶을 살아가야 할지 미리 계획을 세우고 큰 시행착오● 없이 살아갈 수 있게 된 거죠.

## 타인의 것을 빼앗기 시작한 인간의 이동

지도와 지리책이 점점 발달하면서 사람들은 자신의 노력으로 삶을 발전시키는 방향보다는 다른 사람의 땅과 소유물을 빼앗는 방식으로 삶을 발전시켜 왔어요. 크리스토퍼 콜럼버스(Christopher Columbus)가 그토록 인

● 시행착오: 시도와 실패를 반복하며 목표에 도달해가는 것을 말해요.

### 콜럼버스가 항해한 경로

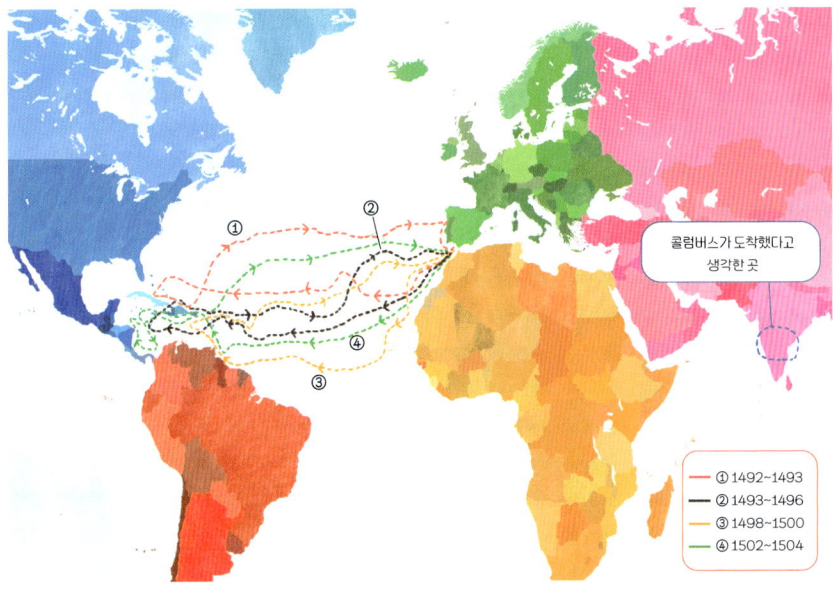

도를 찾고자 한 이유는 마르코 폴로(Marco Polo)의 《동방견문록》을 보며 생긴 인도에 대한 호기심도 있었지만 그 당시 유럽에서 값비싸게 팔린 비단과 향신료를 얻기 위함이었죠. 비록 콜럼버스는 자신이 가고 싶어 했던 인도 대신에 아메리카 대륙에 도착했지만요. 아메리카 발견 이후 우리 인류의 역사에는 또 다른 변화가 시작되었죠. 참고로 콜럼버스는 죽는 그날까지 자신이 도착한 곳이 인도라고 착각했다고 해요. 그래서 거기 사는 사람들을 인디언이라고 불렀답니다. 지금 우리가 미국에 살고 있는 원주

● 동방견문록: 이탈리아의 여행가 마르코 폴로가 1271년에서 1295년까지 중국에 17년 동안 머무르면서 보고 들은 것을 루스티첼로가 받아 적은 여행기로, 유럽 사람들이 동양에 관심을 갖게 되는 계기가 되었어요. 콜럼버스의 신항로 개척에도 많은 영향을 끼쳤습니다.

민들을 인디언이라고 부르는 것은 잘못된 표현이에요. 그들은 그저 아메리카 원주민일 뿐이죠. 콜럼버스가 죽고 난 뒤 이탈리아의 탐험가 아메리고 베스푸치(Amerigo Vespucci)는 콜럼버스의 도착지가 인도가 아닌 새로운 대륙이라는 사실을 널리 알렸습니다. 이러한 베스푸치의 공을 높이 사 신대륙에 베스푸치의 이름을 딴 아메리카라는 명칭이 붙게 되었답니다.

콜럼버스의 아메리카 대륙 발견 이후 사람들의 욕심은 더욱 커지기 시작했어요. 그때부턴 더 나은 삶을 찾아가는 이동이 아닌 정복을 하고 빼앗기 위한 이동이 시작되었어요. 유럽에서 힘이 강한 나라들은 아프리카로 넘어가 각종 광물 자원과 식량 자원을 가져왔고 심지어는 인류 역사상 최악의 역사로 남을 노예무역까지 서슴지 않고 행했죠. 나의 삶을 발전시키기 위해 타인의 삶을 파괴하는 이동이 더는 나쁜 행동처럼 보이지 않기 시작했습니다. 오히려 점점 더 잔인한 방식으로 타인이 사는 곳을 파괴하고 그들의 일상을 무너트리면서, 자신의 영역을 넓히고 힘을 과시하기 시작했죠. 오늘날에도 아프리카와 남아메리카 대륙에는 자신이 가진 능력을 제대로 발휘하지 못한 채 빈곤하고 무기력하게 살아가는 곳이 많답니다.

### 더 나은 삶을 가능하게 하는 지리 정보

현대에는 타인의 삶을 무너트리는 방식의 이동은 더 이상 용납되지 않아요. 국제사회에서 가만히 지켜보지 않기 때문이죠. 인간은 여전히 이동하

 ● 노예무역: 노예를 상품처럼 사고파는 무역으로 대체로 유럽인들이 설탕을 만들기 위해 아프리카 사람들을 강제로 아메리카로 끌고 가고, 이 노예들이 생산한 설탕을 다시 유럽에 팔았던 무역을 말해요. 아메리카-유럽-아프리카 대륙을 잇는 노예무역이라는 뜻에서 '삼각무역'이라고도 불러요.

고 있답니다. 과거보다 훨씬 더 멀리 훨씬 더 빨리요. 많은 월급을 받기 위해 더 좋은 직장으로 이동하는 사람도 있고, 더 좋은 자연환경에서 살기 위해 이동하는 사람도 있죠. 하지만 전쟁으로 인해 어쩔 수 없이 자신이 사는 지역을 떠나는 사람도 있고, 가난과 자연재해를 견디지 못해 떠나는 사람들도 있습니다.

다만 다행인 점은, 이제 정확하고 빠르게 지리 정보를 얻을 수 있다는 거예요. 휴대전화 지도 앱으로 언제든 우리의 위치를 파악할 수 있고, 목적지까지 가는 최선의 경로를 알 수 있어요. 음식점이 언제 문을 여는지, 어떤 메뉴를 판매하는지, 심지어 바로 예약까지 할 수 있는 시대에 살고 있답니다. 이처럼 우리는 넘쳐 나는 지리 정보를 통해 과거보다 훨씬 수월하게 우리의 목적을 달성하며 살아가고 있어요. 앞으로는 지리 정보를 얼마나 잘 활용하는지에 따라 시간과 돈을 절약하는 것은 물론, 더 나은 삶을 살 수 있게 될 것입니다.

## 흑인 노예들에게 자유를 가져다 준 지도

얼마 전 미국에서는 20달러 지폐 인물을 제7대 대통령 앤드루 잭슨(Andrew Jackson)에서 흑인 여성 인권운동가 해리엇 터브먼(Harriet Tubman)으로 교체하겠다고 했어요. 지폐의 주인공이 해리엇 터브먼으로 바뀐다면 역사상 처음으로 흑인이 미국 지폐의 모델이 됩니다. 보통 한 나라의 화폐 모델은 역사에 주요한 업적을 남긴 인물들인데, 터브먼의 삶이 어떠했기에 이토록 높이 평가받는 걸까요?

터브먼이 살았던 1850년대 미국의 농장에는 아프리카에서 강제로 끌려온 흑인들이 많았어요. 이 시기 미국은 남부와 북부가 흑인 노예 문제를 두고 서로 갈등을 겪고 있었지요. 목화를 중심으로 농업이 발달한 남부에서는 노예제도를 유지하기를 원했고, 상공업이 발달해 공장에서 일할 노동자가 필요했던 북부는 노예제도 폐지를 주장했던 거예요.

　당시 터브먼도 남부 지역의 노예 중 하나였어요. 하지만 북부 지역으로 도망칠 자신이 없었죠. 길을 찾아가려면 지도가 있어야 하는데, 당시 노예의 신분으로 지도를 구한다는 것은 매우 어려운 일이었거든요. 설령 지도를 지니고 있다 하더라도 대부분의 흑인 노예들은 글자는 물론이고 지도를 읽는 방법도 배우지 못했어요. 다행히 터브먼은 남부 흑인 노예를 북부로 도망시켜 주는 비밀 조직의 도움을 받아 탈출할 수 있었어요. 이때부터 터브먼은 다른 남부 흑인 노예들의 탈출을 돕기 시작했지요.

 자유와 생명의 지도 '프리덤 퀼트'

터브먼이 만든 퀼트의 문양과 색은 당시 글을 읽지 못했던 흑인들에게 이동 방향, 이동 시간, 위험의 정도를 알려주는 역할을 했어요.

별  수레바퀴  술 취한 사람의 길

별 문양은 밤에 북극성을 찾아 북쪽 방향으로 이동하라는 의미를, 수레바퀴 문양은 탈출할 때 마차에 탈 준비를 하라는 의미를, 술 취한 사람의 길 문양은 노예 사냥꾼이 있으니 조심하라는 경고를 나타냈어요. 이런 식으로 흑인들은 터브먼의 퀼트 문양과 색에 대한 의미를 공유하며 안전하게 탈출할 수 있었어요.

    터브먼은 흑인 노예들을 위해 작은 천 조각들을 바느질로 이어 붙여 퀼트를 만들었어요. 이 퀼트는 글자가 없는 암호 지도 역할을 했답니다. 퀼트의 문양을 이용해서 탈출할 시기와 방법을 비밀스럽게 전달할 수 있었거든요. 퀼트의 신호 덕에 노예들은 언제 떠나고 언제 숨어야 할지를 알 수 있게 되었어요. 바로 이 퀼트 속 문양들이, 오늘날 지도를 만드는 제작자가 지도를 제대로 볼 수 있도록 만들어 놓은 약속, 즉 지도의 범례와 비슷한 역할을 했답니다.

    터브먼은 19차례에 걸쳐 300명 이상의 노예들을 탈출시키는 데 성공하게 됩니다. 오늘날에도 터브먼의 퀼트 문양들은 '프리덤 퀼트(Freedom

Quilt)'라고 불리며 많은 사람에게 자유와 생명을 준 지도로 알려져 있어요.

###  지도의 범례란?

| 시청 | 초·중·고교 | 우체국 | 경찰서 | 병원 | 철도 | 다리 | 고속국도 | 논 | 산 | 공장 |
|---|---|---|---|---|---|---|---|---|---|---|
| ■ | ⚑ | ✦ | ◉ | ✚ | ─ | ⌒ | ═ | ⊥ | ▲ | ☼ |

하천이나 도로, 학교나 병원을 한눈에 보기 쉽게 간단한 기호로 나타낸 것을 범례라고 해요. '▲'는 산을, '⚑'는 초중고교를 의미하는 범례랍니다. '지도 위에 ⚑ 표시가 있다면 학교라고 생각하세요.'라는 일종의 약속이랍니다.

## 인간의 삶을 풍요롭게 만드는 커뮤니티 매핑 기술

'포켓몬 빵을 살 수 있는 편의점 지도를 구할 수는 없을까?'라고 생각해 본 적이 있나요? 사람들은 일상생활의 불편함을 해결하기 위해 직접 지도를 제작하기도 한답니다.

실제로 시민들이 인터넷 지도 프로그램을 이용해 만든 '대동풀빵여지도(김정호의 '대동여지도'와 붕어빵을 뜻하는 '풀빵'을 합쳐서 만든 용어예요)'

는 붕어빵 가게의 위치와 간단한 설명이 있는 지도예요.

 사람들이 함께 만든 대동풀빵여지도의 모습

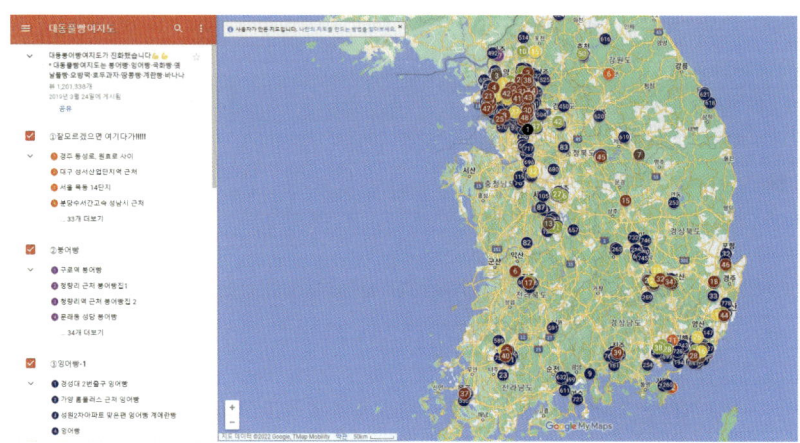

 붕어빵이나 잉어빵을 파는 곳들이 실시간으로 표시되어 있어요. 풀빵의 경우 계절에 따라 잠깐만 운영하거나 여기저기 이동하는 곳이 많았는데, 이 지도 덕분에 쉽게 붕어빵을 사먹을 수 있게 되었어요.

이런 지도를 만드는 기술이 바로 커뮤니티 매핑(Community Mapping)입니다. 커뮤니티 매핑은 지역 사회를 뜻하는 '커뮤니티'와 지도를 제작한다는 뜻의 '매핑'의 합성어입니다. 여러 사람이 특정 주제와 관련된 지도를 만들기 위해 직접 정보를 수집해 제작하는 참여형 지도라고 할 수

있어요. 많은 사람과 공유하기 위해 만든 지도이기 때문에 사람들이 많이 사용하면 할수록 더 좋은 지도로 발전할 수 있답니다.

커뮤니티 매핑은 사회적 약자가 겪는 문제를 해결하기도 해요. 몇 해 전 우리나라 한 대학교 학생들이 장애인을 위한 모바일 지도를 제작한 적이 있어요. 장애인이 이용할 수 있는 음식점, 휴게시설, 의료 및 숙박시설과 문화시설 등을 지도에 표시하고 공유했지요. 이를 통해 장애인들이 더 편리하게 생활하는 데 크게 기여했다는 평가를 받았어요.

이렇게 커뮤니티 매핑 기술은 우리 지역의 문제를 파악하고 사회 발전에 기여하는 기술이에요. 앞으로 커뮤니티 매핑 기술이 적용될 분야는 안전, 관광, 의료 등 무궁무진해요. 커뮤니티 매핑 기술이 있다면, 여러분도 세상을 바꾸는 일에 힘을 보탤 수 있답니다!

● 사회적 약자: 피부색, 장애, 직업, 국적, 나이 등의 상황이나 조건이 다른 사회 구성원보다 열악한 상황에 처해 있거나 이로 인해 고통을 받으며 살아가는 사람을 뜻해요.

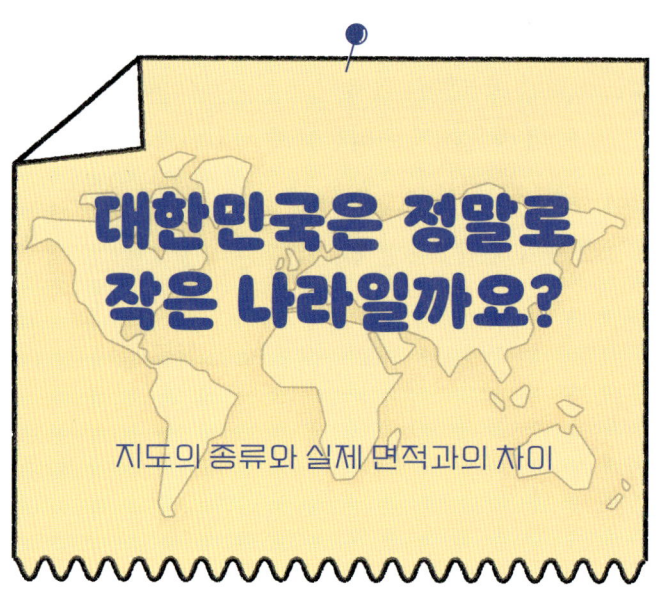

# 대한민국은 정말로 작은 나라일까요?

지도의 종류와 실제 면적과의 차이

### 지도의 뻔뻔한 거짓말

우리나라 앞에는 늘 '작지만 강한 나라'라는 수식어가 붙습니다. 세계지도에서 보면 우리나라 주변에 중국, 러시아 등 세계적으로 큰 나라들이 있다 보니 상대적으로 우리나라가 작아 보이기 때문입니다. 그런데 실제로 우리나라의 면적은 영국과 크게 차이가 나지 않습니다. 지도에서 보면 우리나라는 영국보다도 작아 보이는데, 실제 면적이 크게 차이가 나지 않는다니 도대체 무슨 말일까요?

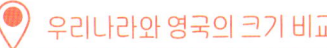 우리나라와 영국의 크기 비교

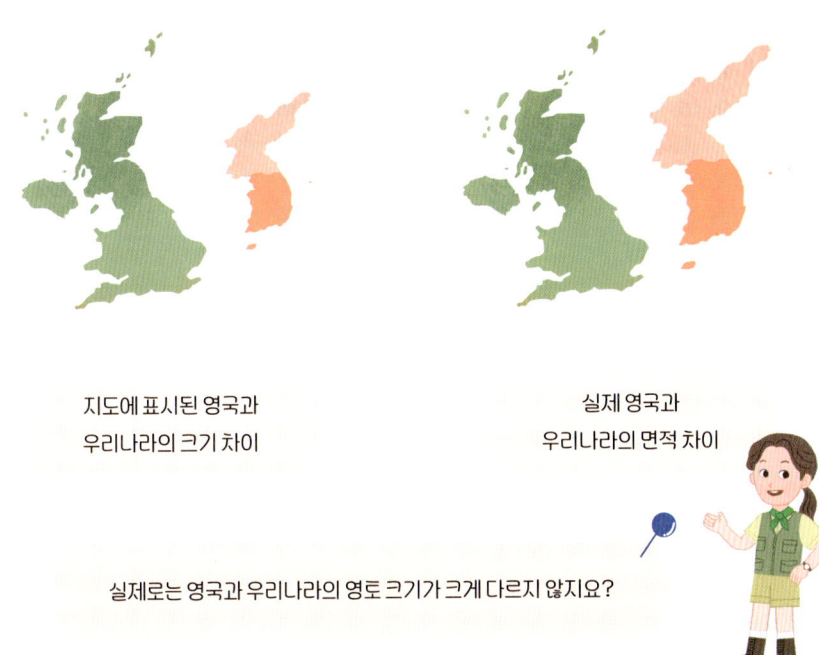

지도에 표시된 영국과 우리나라의 크기 차이

실제 영국과 우리나라의 면적 차이

실제로는 영국과 우리나라의 영토 크기가 크게 다르지 않지요?

사실 이 모든 것은 지도가 우리를 속이고 있기 때문입니다. 지도가 우리를 속이고 있다니? 우리가 사는 지구가 지도와 다르게 생겼다는 뜻일까요?

역사적으로 수많은 사람이 세계지도를 만들었지만, 세계지도 역사에 가장 큰 획을 그은 사람은 바로 네덜란드의 지도학자 메르카토르입니다. 당시 지도는 배를 타고 세계를 누비던 사람들을 가장 가깝고 정확하게 목적지까지 안내하는 마법과 같은 물건이었답니다. 이들에게 마법을 선사한 사람이 바로 메르카토르죠.

우리가 흔히 보는 평면 지도는 구의 형태인 지구를 옮겨 만든 거예요. 구를 아무리 평면으로 옮기려 해 보아도 쉽지가 않겠지요? 이렇게 자르고 저렇게 잘라 보아도 평면인 종이 안에 지구가 들어가지 않지요. 그래서 세계지도를 만들던 사람들은 평면 지도를 만들기 위해 세 가지 방법 중 하나만 선택해야 하는 기로에 놓였습니다.● 두 지점 사이의 방향과 거리, 지구의 경도선과 위도선● 사이의 각도, 한 지역의 면적 중 딱 한 가지만 정확하게 표현할 수 있었던 것이죠.

메르카토르는 경도선과 위도선 사이의 각도를 정확히 표현하는 지도를 선택합니다. 정확하게 각도를 나타내는 지도를 만드는 법이어서 정각도법이라고 부르지요. 정확한 각도로 지도를 만들면 어떤 장점이 있을까요? 바로 배를 타는 사람들이 목적지까지 가장 빠르고 정확하게 도착할 수 있다는 것이에요. 지도 위에 나침반을 올려놓고 자신이 생각하는 목적지의 방향이 북극과 이루는 각도를 계산한 뒤 그 각도를 유지하면서 앞으로 나아가기만 하면 목적지까지 빠르게 도착할 수 있었어요. 메르카토르의 세계지도는 당시의 많은 항해사의 사랑을 받았고 이후 널리 알려지면서 가장 대중적인 세계지도로 인기를 얻게 되었어요. 그렇게 우리는 메르카토르의 지도를 세계에서 가장 정확한 지도로 인식하고 그가 만든 지도를 보며 세계의 다양한 나라들을 알게 되었던 거죠.

하지만 앞서 말했듯이 메르카토르는 두 지점 사이의 방향과 거리, 지

● 기로에 놓이다: 여러 갈래로 갈린 길을 기로라고 해요. 기로에 놓인다는 것은 어느 한쪽을 선택해야 하는 상황을 비유적으로 이르는 말입니다.
● 경도선과 위도선: 지구에 세로로 그은 선을 경도라고 하고, 지구에 가로로 그은 선을 위도라고 해요.

 지도를 만드는 세 가지 방법

메르카토르 도법: 각도가 정확합니다.

몰바이데 도법
: 면적이 정확합니다.

정거방위 도법
: 거리와 방위가 정확합니다.

구의 경도선과 위도선 사이의 각도, 한 지역의 면적 중 경도선과 위도선 사이의 각도만을 선택하고 나머지 둘을 포기한 채 지도를 만들었어요. 이

 ● 방위: 동서남북과 같이 기준을 중심으로 어떠한 쪽에 있는지를 설명하는 말이에요.

1장. 우리는 지구 속 대한민국에 살아요

로 인해 메르카토르가 만든 세계지도는 면적이 정확하지 않다는 치명적인 단점을 안게 되었답니다. 하지만 우리는 이런 치명적 단점보다는 대중화된 메르카토르의 지도를 당연하게 받아들였던 거죠. 그러면 도대체 얼마나 면적이 잘못 표현된 걸까요?

## 우리가 잘못 알고 있던 여러 나라의 면적

메르카토르의 지도는 적도에서 멀어질수록 그 크기가 커지도록 만들어졌어요. 이는 각도를 정확하게 표현하기 위해 어쩔 수 없이 포기해야 했던 부분이죠. 그래서 북극과 남극에 가까울수록 그 크기가 실제보다 훨씬 크게 표현되었어요. 실제로 세계지도에 표현된 러시아는 아프리카 대륙보다 족히 두 배는 커 보이지만 사실은 아프리카 대륙보다 거의 절반에 가깝게 작은 나라예요. 너무 놀랍지 않나요? 두 배 크게 보이던 나라가 두 배 작은 나라였다니!

　한국과 북한을 포함한 대한민국의 면적은 220,877㎢예요.. 저 멀리 유럽 대륙의 끝에 있는 영국은 우리보다 훨씬 커 보이지만 실제 면적은 242,900㎢죠. 음, 일단 우리나라가 그렇게 작은 나라는 아닌 듯합니다. 실제로 전 세계 약 200여 개 국가 중에 대한민국의 면적은 85위예요. 200개 국가 중에 85위라니. 더 이상 작지만 강한 대한민국이라고 부르면 안 될 것 같습니다. 우리가 아주 큰 나라라고 이야기하는 미국과 중국 그리고 인도를 모두 합쳐도 아프리카 대륙보다는 작답니다. 새삼 아프리카 대륙이 큰 곳이었다는 걸 느끼게 되네요.

##  메르카토르 지도와 실제 면적의 차이

진하게 표시된 부분이 지구의 실제 면적이에요. 지도상 적도 주변에서 북극과 남극으로 갈수록 실제 면적보다 거대하게 표현되어 있습니다.

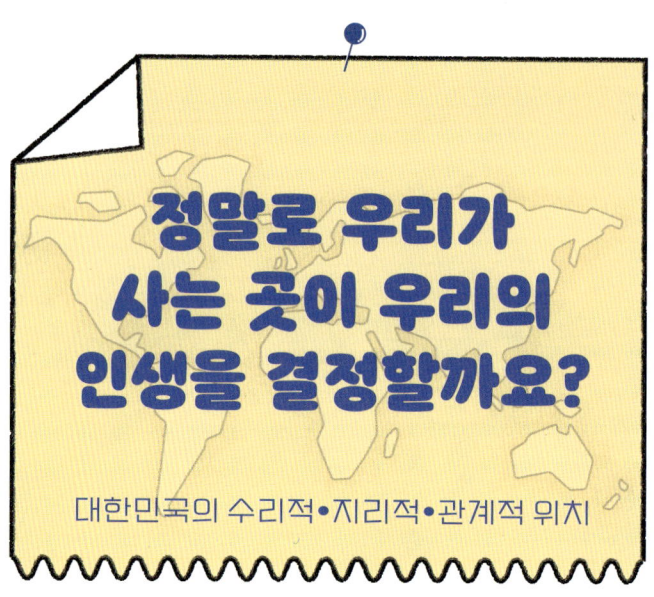

정말로 우리가 사는 곳이 우리의 인생을 결정할까요?

대한민국의 수리적·지리적·관계적 위치

### 우리나라의 위치가 만든 다양한 문화들

우리 친구들은 10년 뒤 혹은 20년 뒤 내가 어떤 모습으로 살고 있을지 궁금할 때가 있지 않나요? 간혹 어른들은 미래를 예측하고 현재를 대비하기 위해 사주(四柱), 즉 태어난 때를 근거로 운세를 가늠하는 점을 보기도 해요. 언제 태어나는지에 따라 미래를 예측하는 일은 과학적인 정확성이 떨어질 수 있지만, 어디에서 태어나느냐는 우리의 운명에 큰 영향을 끼쳐요.

한반도의 운명은 한반도가 최초로 모습을 드러낸 시·원생대●에 이미 결정된 것일지도 몰라요. 북반구 중위도에, 유라시아 대륙의 동쪽에 자리를 잡은 순간 이미 우리 삶의 모습이 어느 정도 예측가능하게 된 것이죠. 우리의 미래를 결정 짓는 위치는 크게 수리적 위치, 지리적 위치 그리고 관계적 위치로 설명할 수 있어요.

## 수리적 위치: 동경 124~132° 사이에 위치한 우리나라

먼저 수리적 위치는 위도와 경도같이 숫자로 위치를 표현하는 방법을 말해요. 지구에 가로로 그은 선을 위도, 세로로 그은 선을 경도라고 하는데 우리나라는 북반구의 중간쯤, 그러니까 북위 33~43°에 위치해 있어요. 그리고 세로로 그은 선은 그 중심이 영국에 있으니 우리나라는 영국으로부터 동쪽으로, 즉 동경 124~132° 사이에 위치하고 있죠. 반면 아프리카 대륙의 코트디부아르는 위도 0°인 적도 주변에 위치해 있어요. 그저 숫자로만 보이는 이러한 위치 자료는 한 나라에 사는 사람들의 너무 많은 모습을 결정해 버려요.

먼저 우리나라는 북반구의 중위도에 위치하고 있어 너무 춥지도 그렇다고 너무 덥지도 않은 기후예요. 반면 코트디부아르는 일 년 내내 날씨가 더워요. 덕분에 바나나, 초콜릿 등 열대 작물들이 자랄 수 있죠. 우리나라는 커피나 초콜릿 등을 수입해서 먹어야만 해요.

우리나라에는 사계절이 있어요. 봄, 여름, 가을, 겨울 날씨에 맞게 옷을

● 시·원생대: 약 46억 년 전 지구가 형성된 때부터 약 5억 4,200만 년 전까지를 말해요.

## 우리나라를 위도와 경도로 표현하는 방법

우리나라는 북위 33°~43°, 동경 124°~132° 사이에 위치합니다.

입고 집을 짓고 음식을 만들어 먹어요. 우리나라 사람들이 여름에는 얇은 옷을 입고 겨울에는 두꺼운 옷을 입는 이유도 이미 오래전 정해진 거죠. 또 우리나라는 경도의 중심이 되는 영국을 기준으로 멀찍이 떨어져 있어 그들과는 9시간의 시간 차이가 있어요. 손흥민 선수가 뛰는 경기를 저녁 늦게, 심지어 새벽에 봐야 하는 것도 우리의 정해진 지리적 위치 때문이에요. 여름을 좋아하는 친구들은 '우리 조상님들이 조금만 더 남쪽에 가서 살았으면 얼마나 좋았을까.' 생각할 수 있고, 축구를 좋아하는 친구들은 '우리 조상님들이 조금 더 서쪽에서 살았으면 좋았을 텐데.'라고 말할 수 있겠죠. 하지만 우리는 사계절이 있는 나라에서 태어난 탓에 세계 어디에서든 슬기롭게 기후에 대처할 수 있고 세계 어디에서나 빠르고 강하게 적응할 수 있게 되었어요.

## 지리적 위치
### : 아시아 대륙의 끝, 태평양의 서쪽에 위치한 우리나라

위치를 설명하는 방법으로는 수리적 위치 말고 지리적 위치라는 것이 있어요. 지리적 위치는 주변의 대륙이나 해양, 반도 등의 지형과 지물을 기준으로 위치를 표현하는 방법이에요. 우리나라가 아시아 대륙의 동쪽에 있고, 태평양의 서쪽에 있다는 사실이 바로 지리적 위치이죠. 대륙의 동쪽에 위치하고 대양의 서쪽에 위치한다는 것은 어쩌면 대륙과 대양이 서로 만나는 지점에 위치한다고 볼 수 있어요. 그래서 우리나라는 여름에는 남쪽 바다의 영향을 많이 받아 덥고 습하며, 겨울에는 북서쪽 대륙의 영향을 많이 받아 춥고 건조하죠. 우리는 이를 계절풍이라고 하는데 계절마다 바람이 바다에서 불어오거나 대륙에서 불어와 그 방향이 바뀐다는 뜻에서 붙여진 이름이랍니다.

 우리나라의 여름철에 비가 많이 오는 이유는 따뜻한 바다에서 바람이 불어오기 때문이에요. 반대로 겨울철이 건조한 이유는 차가운 대륙에서 바람이 불어오기 때문이죠. 모두 지리적 위치 때문에 만들어진 결과랍니

## 우리나라 주변에서 부는 계절풍

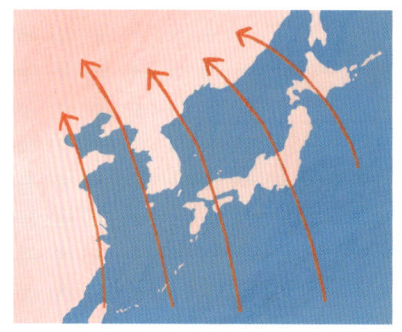
여름철(남동 계절풍)

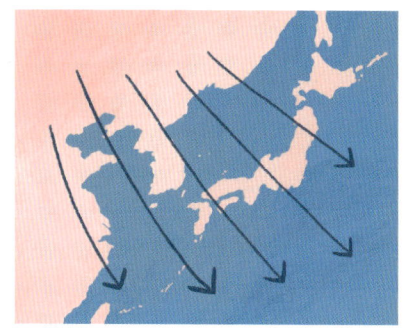
겨울철(북서 계절풍)

우리나라의 여름에는 따뜻한 남동쪽 바다에서 덥고 습한 바람이 불어오고, 겨울에는 북서쪽 대륙에서 춥고 건조한 바람이 불어와요.

다.

 이 지리적 위치는 우리나라의 근현대사에 큰 아픔을 남기기도 했습니다. 해양에 위치한 나라였던 일본이 대륙으로 진출하기 위해 대륙의 입구에 있던 우리나라를 침범했고 우리는 가슴 아픈 일제강점기를 겪어야 했죠. 또 대륙 세력들이 호시탐탐 해양으로 진출하기 위해 우리 영토를 침범하기도 했어요. 대륙과 대양 사이에 위치한 순간 두 세력 모두에게 공격을 받을 수밖에 없는 운명이 된 것입니다. 하지만 지리적 위치 때문에 얻은 장점도 있답니다. 만약 우리나라가 통일이 된다면 대륙과 해양을 연결하는 지점에 위치하기 때문에 도로, 해상, 항공 교통의 중심지로 성장할 수 있었지요. 미국에서 배로 건너온 물건이 우리나라 부산항에 내려 기차를 이용해 저 멀리 유럽까지 갈 수 있고, 유럽에서 만들어진 물건이 기차를 타고 우리나라 부산항까지 와서 다시 배를 타고 저 멀리 미국까지 갈 수 있는 것도 바로 우리나라가 가지고 있는 지리적 위치의 장점이랍니다. 비록 지리적 위치 때문에 아픈 역사를 갖고 있지만, 세계 물류의 중심지가 될 수 있는 엄청난 잠재력이 있는 것이지요.

## 관계적 위치: 우리의 운명은 우리가 결정할 수 있어요!

마지막으로 대한민국의 관계적 위치를 살펴볼게요. 앞서 말한 수리적이고 지리적인 위치는 앞으로 절대 바뀌지 않을 요소입니다. 그러나 관계적 위치는 우리가 개척해 나갈 수 있는 요소랍니다.

관계적 위치는 주변에 있는 나라와의 관계에 따라 달라지는 상대적이고 가변적인 위치입니다. 과거 해양으로 진출하려던 러시아와 중국, 대륙으로 진출하려던 일본 사이에서 주변 국가와 관계를 맺어 온 우리나라는 그저 주변국의 이용 대상으로만 여겨졌죠. 또 제2차 세계대전 이후에는 미국을 중심으로 한 자유 진영과 소련을 중심으로 한 공산 진영 간 대결의 장이 되어 뼈아픈 분단의 역사를 안고 살아가야 했답니다. 그렇게 한

● 분단: 동강이 나게 끊어지고 갈라진다는 뜻으로, 여기서는 우리나라가 남한과 북한으로 나뉘어진 것을 말해요.

때는 러시아와 중국, 또 다른 때는 일본, 그리고 미국과 러시아의 관계 속에서 이리저리 치였던 우리나라지만 북한과 평화를 도모하면 완전히 달라질 수 있어요. 해양 세력도 우리의 도움을 받을 수밖에 없고, 대륙의 세력도 우리의 도움을 받을 수밖에 없게 만든다면 과거와는 완전히 달라진 위상을 가지고 미래를 설계할 수 있을 거예요.

###  상대적이고 가변적인 관계적 위치

상대적이고 가변적이라는 말은 주변에 어떤 상대(국가)가 강한 힘을 발휘하느냐에 따라 해당 국가의 위치를 표현하는 방법이 변화할 수 있다는 뜻이에요.
과거 중국의 중화사상이 크게 영향을 미쳤을 때에 대한민국의 위치는 '중국의 동쪽'으로 불리었고, 냉전시대가 끝나고 일본의 위상이 높아지면서 대한민국의 위치는 '일본의 서쪽'으로 불리었습니다. 하지만 현재 대한민국의 위상은 매우 높아져서, '대한민국의 주변에 중국과 일본이 있다'고 표현해요.
이를 상대적이고 가변적인 관계적 위치라고 한답니다.

수리적 위치와 지리적 위치는 우리의 힘으로 바꿀 수 없는 절대적인 조건입니다. 하지만 관계적 위치는 우리가 앞으로 어떤 생각을 가지고 어떻게 나아가느냐에 따라 충분히 바꿀 수 있는 위치이죠. 우리의 운명이 결정되었다고 생각하기보다는 우리의 운명을 우리가 결정 짓는다는 마음으로 각자의 위치에서 최선을 다한다면 아마 여러분이 상상하는 대한민국을 몇 년 안에 만나 볼 수도 있을지 모르겠네요. 운명이 바뀌길 기대하기보단 운명을 바꾸기 위해 노력하는 여러분들이 있어 두 번 다신 아픔의 역사가 오지 않을 거라 믿어요.

## 지구가 스스로 하루에 한 바퀴를 돌면서 생기는 일

만일 여러분이 하와이에 가기 위해 인천공항에서 항공기 운항 정보를 본다면 깜짝 놀랄지도 몰라요. 분명 3월 2일 오후 8시에 한국에서 출발하는 비행기인데 도착 시간을 보면 3월 2일 오전 9시라고 나와 있을 것이거든요. 무려 8시간이나 비행기에 머물러야 하는데 오히려 도착 시간은 공항으로 출발하기 전 집을 나서던 시간보다 더 빨라진 거죠. 잘못 인쇄된 비행기 티켓을 지적하기 위해 항공사 직원을 찾아가서 따진다면 직원은 이

렇게 대답할지도 몰라요.

"으흠! 아직 지리에 대해 잘 모르시는군요."

우리에겐 1년 365일, 하루 24시간이 똑같이 주어져요. 돈이 많다고 해서 하루 25시간을 살 순 없어요. 그렇다면 지구에 있는 모든 사람이 같은 시간에 일어나서 같은 시간에 잠이 들까요? 오늘 아침 대한민국에서 7시에 해가 뜨기 시작했다면 북아메리카 대륙인 미국에 있는 친구와 아프리카 대륙인 케냐에 있는 친구도 우리와 같은 순간에 떠오르는 해를 바라보며 학교에 갈 준비를 하고 있을까요?

우리가 사는 지구는 365일 동안 태양을 중심으로 한 바퀴 돌고, 지구 스스로도 하루에 한 바퀴씩 회전 운동을 하고 있어요. 이렇게 태양 주변을 한 바퀴 도는 것을 공전이라고 부르고 지구 스스로 하루 한 바퀴씩 도는 것을 자전이라고 부르죠.

지구가 자전할 때 태양을 마주 보고 있는 반쪽은 밝게 빛나지만 그 반대쪽은 칠흑 같은 어둠으로 덮여 있어요. 즉 빛나는 반쪽은 낮, 어둠의 반쪽은 밤이 되는 거죠. 하지만 이렇게 스스로 회전하는 지구는 멈추지 않고 서쪽에서 동쪽으로 회전하면서 어두웠던 부분은 점차 밝아지기 시작하고 밝게 빛나던 부분엔 점차 어둠이 드리우게 됩니다. 누군가에게 낮이라면 누군가에게는 밤이 되는 거죠. 지금 내가 있는 곳이 정오인 낮 12시라면, 지구 반대편에 있는 친구는 자정인 밤 12시를 맞이하고 있다는 뜻입니다. 이렇게 우리는 같은 지구에 살고 있지만 전혀 다른 시간을 공유하고 있어요. 그렇다면 이렇게 다른 시간은 어떻게 계산할 수 있을까요?

지구는 중심각이 360°인 구의 형태를 하고 있어요. 우리 눈에 보이진

## 지구의 공전과 자전

 태양을 중심에 두고 지구가 1년에 한 바퀴를 시계 반대 방향으로 도는 것을 공전, 지구 스스로 하루에 한 바퀴를 도는 것을 자전이라고 말해요. 이 지구의 공전과 자전 때문에 우리에게는 계절이 있고, 낮과 밤이 있답니다.

않지만 지구상의 위치를 표현하기 위해 우리는 남극과 북극을 잇는 세로로 그어진 경도선을 만들었고 이 경도선을 총 360등분하여 선과 선 사이의 각도를 1°로 만들었어요. 또 지구가 하루 24시간 동안 회전하는 각도가 360°예요. 하루는 24시간이죠. 360°에서 24시간을 나눠 보면 15°라는 값이 나옵니다. 즉 1시간에 15°씩 차이가 발생한다는 것을 알 수 있어요. 우리나라에서 15° 떨어진 곳은 우리와 1시간 차이가 있을 거고, 45° 떨어진

곳은 우리와 3시간의 시간 차이가 발생한다는 원리이죠. 그렇다면 우리나라 시간이 오전 10시라면 135° 떨어진 영국은 우리와 9시간 차이가 난다는 것인데 우리보다 9시간이 빠른 것일까요? 아니면 우리보다 9시간이 느린 것일까요?

이런 혼란을 없애기 위해 지구상의 특정한 지점을 기준점으로 하는 세계 표준시가 필요했어요. 유럽 대륙에서는 프랑스 파리를 중심으로 하고, 영국과 그에 딸린 나라들은 런던에 위치한 그리니치를 기준으로 세계의 시간을 계산했어요. 하지만 기준이 두 곳이었기 때문에 어려움을 겪었고 결국 1884년 워싱턴 디시(D.C.)의 자오선 회의에서 세계의 표준시를 영국 그리니치로 통일하기로 합의했답니다. 즉 영국 런던의 그리니치를 경도 0°의 본초자오선으로 정하고 동쪽으로 180°, 서쪽으로 180°를 나눈 다음 그 두 경도선이 만나는 지점을 날짜변경선이라고 부르기로 했어요. 이 날짜변경선은 지구상에 날짜를 변경하기 위해 편의상 만들어 놓은 경계선으로, 이 선을 중심으로 동쪽과 서쪽에서 날짜가 하루씩 차이 나게 됩니다. 경도 0°인 영국 그리니치 천문대에서 동쪽으로 180° 지점은 영국보다 12시간 빠르고, 서쪽으로 180° 지점은 영국보다 12시간 느리지요. 그래서 만약 영국이 현재 1월 4일 오후 3시라면 동쪽으로 180° 떨어진 곳의 시간은 1월 5일 오전 3시, 서쪽으로 180° 떨어진 곳은 1월 4일 오전 3시가 되는 거예요. 하지만 동쪽으로 180°와 서쪽으로 180°는 일정 지점에서 만나게 되는데 동쪽을 기준으로 하면 하루가 빨라지고, 서쪽을 기준으로 하면 하루가 느려지는 문제가 발생합니다. 이러한 모순을 해결하기 위해 경도 180° 태평양 부근에 사람이 살고 있는 육지를 피해서 날짜변경선을 설

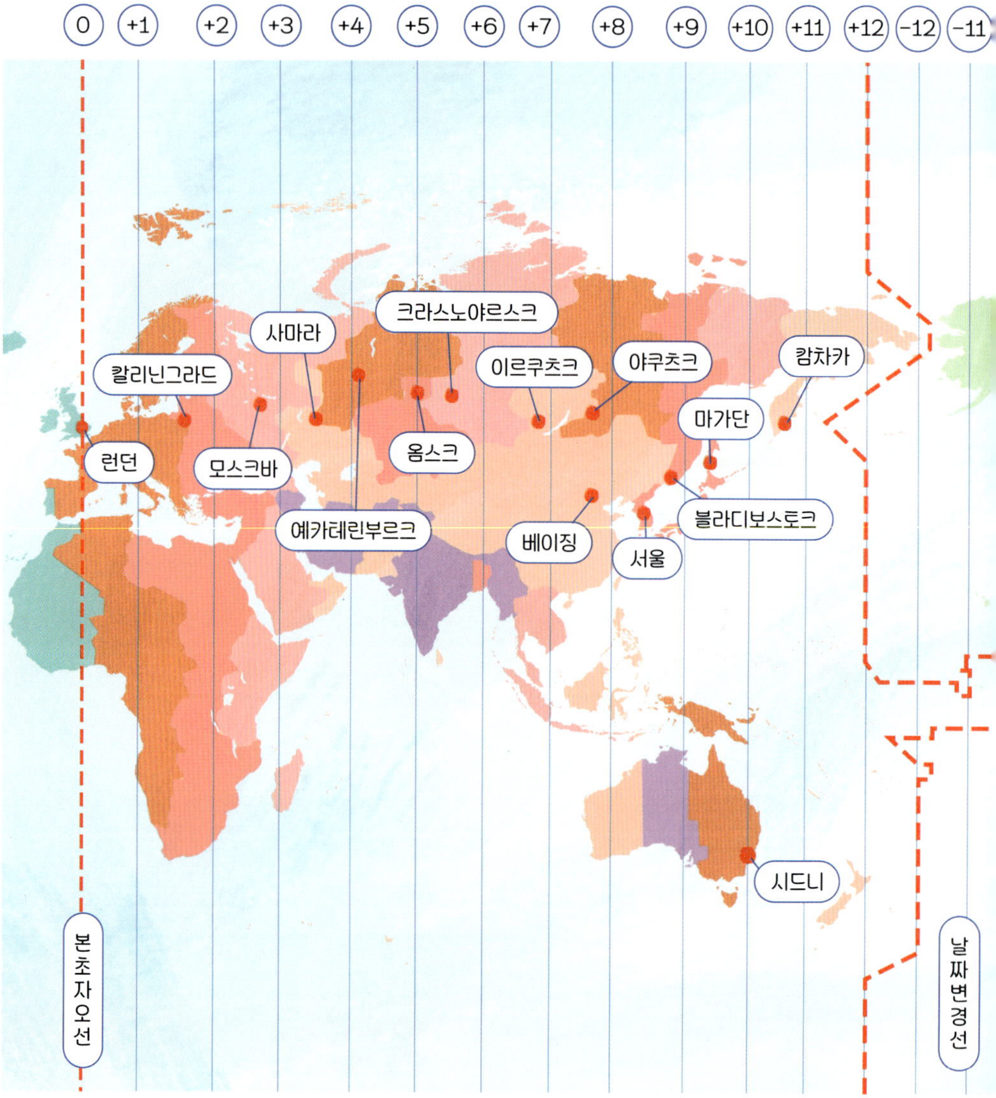

## 본초자오선과 날짜변경선

러시아는 11개, 미국은 4개의 시간대를 써요. 땅이 크기 때문에 어쩔 수 없어요. 하지만 중국은 땅은 커도 단 하나의 시간대를 쓴답니다. '하나의 중국'을 위해서죠. 안타까운 일이지만 우리나라 표준시간의 기준은 일본의 기준을 그대로 사용하고 있어요. 일제강점기 시대의 영향이기도 하지만 중국과 일본 사이의 시차가 1시간밖에 나질 않아 우리나라마저 표준시간대를 정해 버린다면 30분 간격으로 세 나라의 시차가 매우 복잡해지거든요.

정했어요.

## 세계의 다양한 시간

그렇다면 동서로 넓은 러시아, 미국, 중국은 한 나라 안에서도 서로 다른 시간을 사용하고 있지 않을까요? 이 질문에 대한 대답은 '그럴 수도 있고 그렇지 않을 수도 있다.'입니다. 먼저 러시아의 경우 무려 11개의 시간대를 사용해요. 시베리아 횡단철도●를 타고 동쪽에서 서쪽으로 가면 자그마치 7번이나 시간이 바뀌는 것을 경험할 수 있답니다. 미국의 경우 철도 경영인들이 모여 표준시를 정했다고 해요. 1826년 처음 미국에 철도가 건설된 이후 태양시에 맞춰 운행되던 무려 300개 이상의 기차들이 서로의 시차를 계산하지 못해 철로 위에서 충돌하는 사고가 빈번하게 발생했습니다. 말과 마차로 이동하던 시기에는 단 한 번도 걱정하지 않았던 일이 철도 시대가 본격화되면서 중요한 문제로 떠오른 거죠. 결국 철도 경영인들은 50개나 되는 지역별 철도 시간대를 1883년 11월 18일에 4개 권역의 표준시로 제정하는 데 합의했고, 이렇게 만들어진 것이 현재 미국의 표준시입니다.

　마지막으로 알아볼 우리 이웃 중국은 세계에서 네 번째로 큰 나라이면서 그 크기가 한반도의 약 50배에 달할 정도예요. 그래서 동서 간의 시간대가 5개에 걸쳐 있지만 실제로 중국에서 사용되는 표준시는 하나로 통일되어 있어요. '하나의 중국'을 강조하는 중국은 관리와 통제의 편의

● 시베리아 횡단철도: 모스크바에서 출발해 중국의 수도 베이징으로 들어가는 열차로, 노선의 길이는 무려 9,288km라고 해요. 지구 둘레의 1/4 길이 수준이랍니다.

를 위해 하나의 표준시를 지정한 거죠. 그래서 중국의 서부 지역인 티베트 자치구에서는 실제보다 2시간이나 빠른 시간대를 쓰고 있어요. 이들은 아침 10시에 출근하고 저녁 8시에 퇴근하며 새벽 1~2시에 취침을 하는, 우리로서는 조금 이해하기 힘든 생활을 하고 있답니다.

여러분 모두 손흥민 선수의 축구 경기나 올림픽에 출전한 선수들의 경기를 보기 위해 이른 새벽 눈을 비비고 깨어나 본 적이 있지요? 손흥민 선수는 어떻게 새벽 4시에도 지치지 않고 축구를 할 수 있는지 의아해하게 생각해 본 적도 있겠지요? 사실 손흥민 선수가 뛰고 있는 영국이 오후 7시였기 때문에 가능한 일이었답니다. 또 타는 시간보다 내리는 시간이 이른 비행기의 운항시간은 시간 여행을 했기 때문이 아니라 날짜변경선을 지나 우리보다 늦은 시간대에 살고 있는 지역으로 이동을 했기 때문입니다. 만약 본초자오선이 정해지던 시기에 대한민국이 세계에서 최고로 강한 나라였다면 우리나라를 중심으로 동쪽과 서쪽으로 시간이 나누어지지 않았을까요?

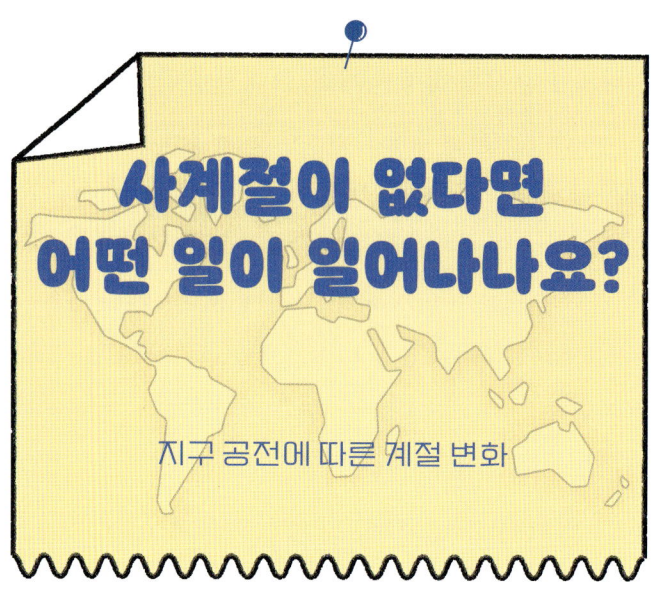

## 사계절이 없다면 어떤 일이 일어나나요?

지구 공전에 따른 계절 변화

**여름 없이 사는 친구들, 겨울 없이 사는 친구들**

지구촌에 사는 어떤 친구들은 평생 봄이나 여름, 가을이나 겨울이라는 계절을 모르고 살아가기도 해요. 우린 꽃 피는 봄에는 꽃구경을 하고 여름엔 물놀이, 가을에는 단풍놀이를 해요. 또 겨울에는 눈사람을 만드는 것을 당연하게 여기지요. 그러나 아마존에 사는 친구는 평생 물을 피해 살아야 하고 툰드라에 사는 친구는 지겹도록 눈사람을 만들며 살아가야 해요. 사계절이 있는 우리에게도 불편한 점은 있어요. 계절마다 새로운 옷

### 23.5° 기울어진 채로 자전하는 지구

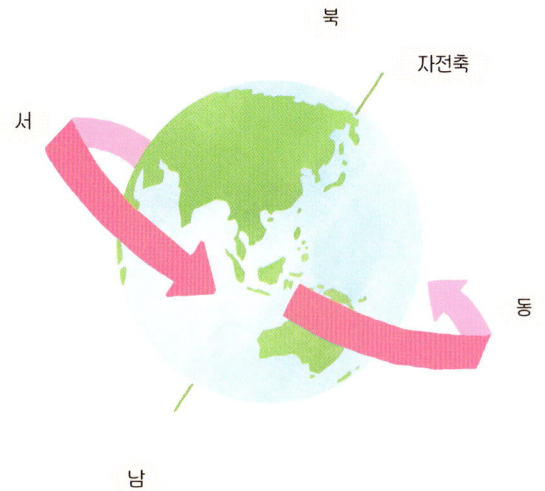

을 사야 하니 부담이 이만저만이 아니에요. 심지어 내가 싫어하는 계절이 있다면 그 계절을 매년 겪어야 하니 또 다른 고충이 될 수 있겠죠. 한편 아마존에 사는 친구는 포근한 겨울을 보낼 수 있어 부럽고, 툰드라에 사는 친구는 서늘한 여름을 보낼 수 있어 부럽기도 하네요.

지구의 계절은 지구와 태양 간의 관계에 따라 달라져요. 일 년 내내 태양에너지를 많이 받는 지역은 365일 여름이고 적게 받는 지역은 365일 겨울인 채로 살아가야 해요. 우리가 사는 대한민국은 태양에너지를 많이 받을 때도 있고 적게 받을 때도 있어 때론 무더운 여름이고 때론 추운 겨울이에요. 그 중간중간 따뜻하고 서늘한 봄과 가을이라는 계절도 갖게 되었죠. 그렇다면 지구와 태양 간의 관계는 어떨까요?

📍 지구의 공전에 따른 계절의 변화

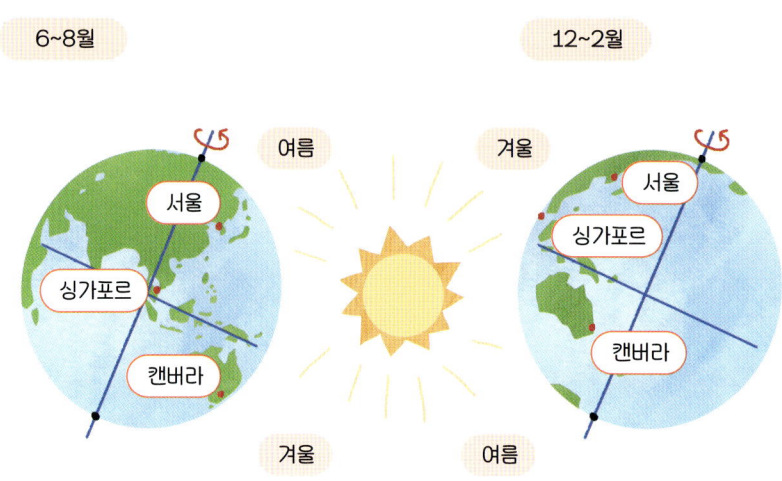

 우리가 사는 지구가 약간 기울어져 있다는 사실을 알고 있나요? 지구는 자전축을 중심으로 약 23.5° 기울어진 채로 자전과 공전을 하고 있어요. 그래서 지구가 공전할 때 어디에 위치하느냐에 따라 태양에너지를 가장 많이 받는 지역이 달라져요.

 먼저 지구가 태양의 왼쪽에 있을 때를 한번 살펴볼까요? 태양 쪽으로 23.5° 기울어진 지구는 마치 태양을 바라보며 고개를 숙이고 있는 사람과 같아요. 고개를 반듯하게 들고 있으면 우리 코끝이 태양에 직각이겠지만 고개를 숙이면 우리의 콧등이 태양과 직각이 되어 태양에너지가 집중돼요. 그럼 콧등은 이 시기에 무더운 여름이 되는 거예요. 반대로 우리의 턱

북반구와 남반구의 계절 변화

은 태양으로부터 각도가 더 커진 바람에 태양에너지를 잘 받지 못해 겨울이 되는 거죠. 코끝을 중심으로 그 위쪽을 북반구, 그 아래쪽을 남반구로 보았을 때 이 시기에 북반구는 여름 그리고 남반구는 겨울이 되는 거랍니다.

반대로 지구가 태양의 오른쪽으로 이동했을 때를 한번 살펴볼게요. 이번에는 23.5° 기울어져 있는 지구가 고개를 들고 턱 끝을 치켜세운 채로 서 있다고 한다면, 이때는 우리의 입술 부분이 태양과 직각이 되어 태양에너지가 집중되고 눈썹 부분은 태양과의 각도가 커져 태양으로부터 적은 에너지를 받는 상태가 된답니다. 그래서 코끝을 중심으로 아래쪽인 남반구는 여름, 위쪽인 북반구는 겨울이 되는 거죠. 그래서 우리나라가 여름일 때 남반구에 위치한 브라질이나 오스트레일리아, 남아프리카공화

## 📍 남반구의 크리스마스

남반구에 위치한 오스트레일리아의 크리스마스는 뜨거운 여름이에요.
크리스마스 장식이 화려한 멜버른 거리를 반소매와 반바지 차림으로
걷고 있는 사람들이 보이네요.

국은 겨울이고 우리나라가 겨울일 때 남반구에 위치한 나라들이 여름이 되는 거죠. 우리에겐 12월 25일 크리스마스에 흰 눈 사이로 썰매를 타고 달리는 산타클로스가 익숙하지만 남반구에 위치한 나라에서는 산타클로스가 반팔과 반바지를 입고 에어컨을 튼 채로 선물을 배달한답니다.

이처럼 콧등과 입술에 위치한 나라들은 지구가 1년 동안 태양 주변을

한 바퀴 도는 동안 사계절을 겪지만, 코끝에 위치한 나라는 일 년 내내 태양과 직각에 가까운 위치에 있어 365일 무더운 여름이에요. 반대로 우리의 정수리 부분과 턱 끝 부분은 일 년 내내 태양과의 각도가 커서 365일 추운 겨울인 채로 살아가야 한답니다. 그래서 코끝 나라는 아무리 추운 겨울이라도 월평균 기온이 18℃ 이상이에요. 겨울에 18℃ 이상이라니! 반면 정수리 가까이에 있는 지역은 여름철 최고 기온이 10℃를 넘지 않는다고 해요. 에어컨 없이도 여름철을 보낼 수 있다는 사실이 부럽기는 하지만 무더운 여름에 먹는 팥빙수의 시원함을 모르고 살아야 한다는 사실이 안타깝기도 하네요.

## 밤이 없이 사는 친구들, 낮이 없이 사는 친구들

이렇게 기울어져 있는 지구는 세계의 다양한 지역에 저마다 다른 계절을 선물하지만 때론 다른 시간을 선물하기도 해요. 북극과 남극 주변의 위도가 높은 지역에서는 기울어진 지구 때문에 하루 종일 해가 지지 않는 백야와 하루 종일 해가 뜨지 않는 극야가 나타나거든요.

북반구의 고위도 지역은 6~7월이면 여름이 됩니다. 이때는 마치 태양을 향해 고개를 숙이고 정수리를 보여주는 모습이에요. 정수리와 이마의 윗부분은 항상 태양을 바라보고 있으니 스스로 자전을 하더라도 하루 종일 해가 떠 있는 상태가 되는 거죠. 아무리 돌고 돌아도 계속해서 태양의 빛을 받게 되는 거랍니다. 여름밤 불을 끄고 공포영화를 보면서 비명을 지르는 일은 상상도 못할 일이 되는 거죠. 대신 밤에 불을 켤 필요가 없어서 전기세는 많이 아낄 수 있겠네요. 반대로 같은 시간에 우리 턱 끝은 태양의 빛을 받지 못해 하루 종일 해가 뜨지 않는 상태가 돼요. 별을 보고 등교하고 별을 보고 수업을 듣고 그 별을 따라 다시 집으로 향한다니 우리로선 상상도 못 할 일이죠. 이런 백야와 극야 현상이 나타나는 나라는 극지방과 가까운 지역인데, 백야와 극야가 지속되는 기간은 지역마다 조금씩 다르긴 하지만 가장 긴 곳은 6개월이나 백야와 극야가 나타난다고 합니다. 6개월이나 하루 종일 낮이나 밤으로 살아야 한다니 이 또한 우리에겐 너무 낯선 일이죠?

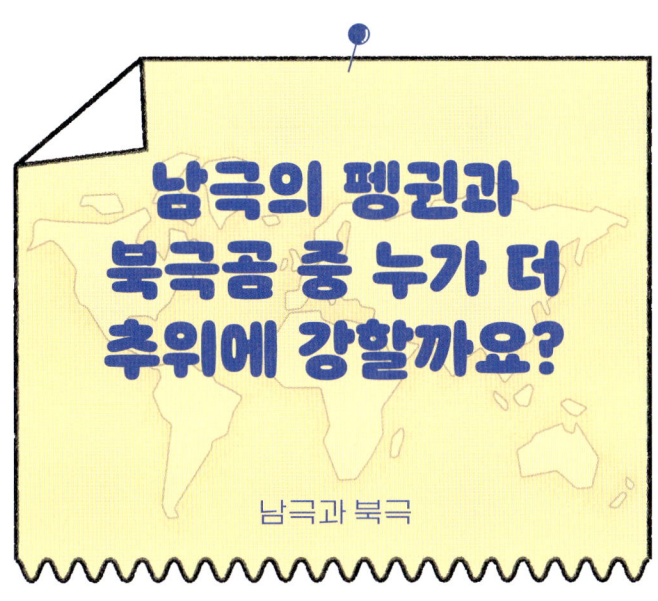

## 남극과 북극

지구상에서 가장 추운 지역이라고 하면 어디가 떠오르나요? 아마도 북극과 남극을 많이 떠올릴 것 같아요. 두 곳 모두 얼음과 눈으로 뒤덮인 추운 지역이기 때문에 두 지역을 비슷하게 생각할 수도 있지만 사실 차이점도 많답니다. 각 지역을 대표하는 동물이 남극은 펭귄, 북극은 북극곰인 것도 잘 알려진 차이점이죠. 만약 두 동물이 '추위 견디기 내기'를 한다면 누가 이길까요?

먼저 남극과 북극의 정확한 범위부터 알아볼게요. 남극과 북극은 극지방이라고 불리며 적도를 기준으로 남, 북으로 가장 먼 곳에 위치하고 있어요. 남극은 여러 국가가 함께 약속한 '남극조약'에서 남위 60° 남쪽에 해당하는 지역으로 정해졌어요. 이 지역은 남극 대륙과 그 주변 바다가 포함되어 있어요. 남극 대륙의 면적은 1,360만㎢로 지구에서 다섯 번째로 큰 대륙이에요. 그 크기가 한반도의 약 60배나 되며 미국과 멕시코를 합친 넓이와 비슷하다고 해요. 또 남극은 지구의 대륙 중 평균 고도가 가장 높은 곳이기도 해요. 남극 대륙의 99% 이상이 평균 2,160m 두께의 얼음으로 덮여 있기 때문이지요. 얼음이 가장 두꺼운 곳은 무려 4,800m나 되고요. 하지만 이렇게 얼음이 많다고 해서 남극에 매일 눈이 내리는 풍경을 상상하면 안 돼요. 놀랍게도 남극의 연평균 강수량은 사하라 사막보다도 적어요. 남극은 낮은 기온으로 인해 수증기가 상승하지 못해 구름이 만들어지기 어려운 지역이에요. 그러니 당연히 비나 눈도 내리기 힘들겠죠.

그렇다면 남극에 있는 두껍고 거대한 얼음덩어리들의 정체는 뭐냐고요? 그것은 바로 10만 년 동안 평균적으로 1년에 약 2cm씩 눈이 차곡차곡 쌓여 덩어리가 된 것이랍니다. 남극은 기온이 너무 낮아서 강수량이 아주 적지요. 같은 이유로 증발량은 강수량보다 더 적어서 얼음덩어리가 계속 유지될 수 있었던 거예요. 그야말로 '티끌 모아 태산'이 된 것이지요. 이렇게 쌓인 얼음이 지구 전체 민물의 무려 3분의 2를 차지한다고 하니 놀라운 양이지요.

반면 북극은 북위 60° 북쪽 지역으로 북극점 주위의 북아메리카와 유

##  남극과 북극의 지형적 차이와 과학기지

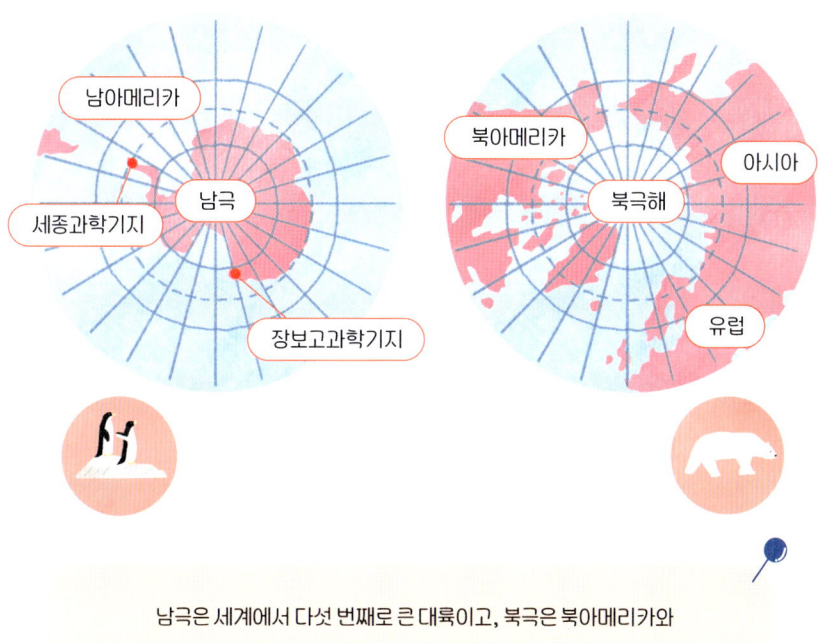

남극은 세계에서 다섯 번째로 큰 대륙이고, 북극은 북아메리카와 유라시아 대륙으로 둘러싸인 바다예요. 유라시아는 유럽과 아시아를 하나의 대륙으로 보고 부르는 이름이에요.

라시아 대륙으로 둘러싸인 바다예요. 남극이 대륙 위에 눈과 얼음이 쌓여 있는 것이라면 북극은 극지방의 낮은 기온으로 인해 북극해 주변의 바다가 얼어서 거대한 얼음 덩어리가 떠 있는 것이랍니다. 즉, 남극은 대륙, 북극은 바다라는 아주 큰 지형적 차이가 있는 것이죠.

남극과 북극은 각각 북반구와 남반구의 끝에 위치하기 때문에 계절의 변화도 정반대예요. 남극은 1월이 여름, 7월이 겨울이지요. 북극은 7월이 여름, 1월이 겨울이고요. 사실 두 곳 모두 일 년 내내 겨울과 다름없는 기온 분포를 보이지만 이렇게 나름의 사계절이 있답니다. 더불어 극지방은 다른 저위도나 중위도 지역과 달리 시기에 따라 극단적●인 낮과 밤 길이가 나타납니다. 앞서 설명한 것처럼 둥근 모양의 지구가 자전축이 23.5° 기울어진 채로 태양 주위를 공전하고 있기 때문이지요. 1년 중 기온이 오르는 나름의 여름에는 종일 해가 지지 않는 백야 현상이, 가장 혹독한 추위가 있는 겨울에는 24시간 내내 깜깜한 밤이 이어지는 극야 현상이 나타나지요.

　남극은 7월 무렵이 영하 70℃로 가장 추운 달이에요. 그리고 이 시기에 극야 현상이 나타나죠. 반면 가장 따뜻한 시기인 1월 무렵 영하 30℃의 기온 분포를 보여요. 한편, 북극은 1월 무렵이 가장 추운 달로 영하 35℃ 정도이고, 가장 따뜻한 달인 7월은 대체로 0℃ 정도예요. 연평균 기온만 봐도 남극 지방은 영하 55℃ 북극 지방은 영하 35~40℃로 남극이 여름과 겨울 모두 훨씬 더 춥다는 것을 알 수 있어요.

　그렇다면 남극이 북극보다 더 추운 이유는 무엇일까요? 남극은 대륙, 북극은 바다라는 지형적 차이에 그 답이 있어요. 대륙인 남극은 바다인 북극보다 비열이 작은 물질로 구성되어 있어요. 비열(열용량, 단위로는 kcal/kg×℃)이 뭐냐고요? 비열은 온도를 높이는 데 필요한 열량이에요. 물질 1kg을 1℃ 올리는 데 얼마나 많은 열을 가해야 하는지 알려 주는 척도죠. 우리 주변에 있는 나무, 철, 모래, 물을 떠올려 보면 같은 양의 열을 받

 ● 극단적: 한쪽으로 크게 치우치거나, 끝까지 진행이 되어 더 나아갈 데가 없는 상황을 말합니다.

**남극 얼음은 태양열을 반사하고 북극 바닷물은 태양열을 흡수해요**

아도 온도가 올라가는 정도가 다르다는 것을 알 수 있어요. 뜨거운 햇볕이 내리쬐는 여름철 한낮 바닷가를 떠올려 볼까요? 모래는 발바닥이 탈 듯이 뜨거운 반면 바다는 시원하게 느껴졌던 경험이 있을 거예요. 그것이 바로 물질의 비열 차이를 경험한 거예요! 모래는 비열이 작아서 적은 열로도 금방 데워지고 금방 식지만, 물은 천천히 데워지고 천천히 온도가 내려가거든요. 그래서 바다인 북극의 겨울이 대륙인 남극의 겨울보다 기온이 높은 것이랍니다.

이런 원리라면 여름에는 남극이 북극보다 더 더워야 하는데 왜 여전히 남극의 기온이 북극보다 낮을까요? 그것은 남극 대륙 위에 덮인 두꺼운 빙하 때문이에요. 이 얼음덩어리가 태양열을 90% 가까이 반사 시켜 기온이 오르지 못한답니다. 그래서 1년 내내 남극은 북극보다 늘 추운 지역이 되는 것이죠. 북극해 주변에는 이누이트 등의 원주민들이 사는 반면,

남극에는 원주민이 살지 않는 점도 남극이 얼마나 추운 곳인지를 알려주는 지표예요. 결론적으로 북극곰보다 남극 펭귄이 더 추위를 잘 견디며 살고 있었던 거네요!

## 남극과 북극에서 찾는 인류의 희망

극지방은 이렇게 혹독한 환경 탓에 오랫동안 인간이 섣불리 다가갈 수 없는 곳이었어요. 그러다 20세기 이후 극지방에 대한 본격적인 탐사와 연구가 이루어지면서 그 잠재력이 알려지기 시작했지요. 탐사 결과, 극지방에 석유 및 천연가스 등 많은 자원이 매장되어 있는 것으로 알려졌어요. 특히 남극은 철·구리 등 광물자원과 크릴새우와 같은 생물자원도 풍부하게 분포하는 것으로 확인되었지요.

그러자 몇몇 나라들이 앞다투어 남극 개발에 눈독을 들이기 시작했어요. 경쟁이 과열될 기미가 보이자 특정 국가가 남극을 독차지하면 안 된다는 공감대가 형성되었어요. 이에 1959년, 남극을 인류 공동의 유산으로 규정하고 평화적 이용을 목표로 하는 '남극조약'이 체결됩니다. 이 약속으로 남극은 주인 없는 유일한 대륙이 되었어요. 대신 우리나라를 비롯한 여러 나라가 연구소와 기지를 마련해 놓고 다양한 연구 활동을 하고 있답니다. 남극은 오염이 아주 적고 순수한 환경을 갖추고 있어 이곳에서 진행된 연구 결과는 과학 발전에도 크게 기여하고 있어요. 남극의 추운 기후는 우주 관련 연구에도 도움이 되는 환경이에요. 남극에 차가운 달이나 화성과 비슷한 조건을 조성하여 농작물 재배가 가능한지 실험하는 '남극

 남극과 북극에 있는 대한민국의 연구 기지

- 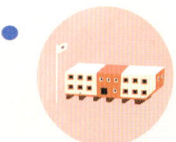 세종과학기지: 대한민국 최초 남극 과학기지로 1988년 건설되어 남극 대륙 북쪽에 있는 킹 조지(King George) 섬에 위치해요. 이곳에서는 남극의 자원, 생태계 탐사 및 연구 활동이 주로 이루어지고 있어요.
- 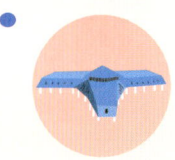 장보고과학기지: 대한민국이 남극에 두 번째로 건설한 과학기지로 통일신라 시대의 장수인 해상왕 장보고의 이름을 붙였어요. 세종과학기지가 남극 대륙 본토에서 떨어진 킹 조지 섬에 위치하는 것과 달리 장보고 과학기지는 남극 대륙 본토에 위치해요. 이곳에서는 주로 기후변화와 관련된 연구 활동을 하고 있어요.
- 다산과학기지: 2002년 북극에 건설된 과학기지로 북극과 대기, 해양, 생태계연구 및 자원탐사 등의 활동을 하고 있어요.

온실'도 대표적인 사례이지요. 남극의 추운 기후와 청정한 환경이 인류의 미래를 위한 고마운 실험장이 돼 주고 있는 거예요.

한편, 남극조약으로 평화로운 지역으로 남아 있는 남극과 달리 북극은 주변 나라들의 영유권* 주장으로 시끄러운 곳입니다. 북극해 연안도 남극과 마찬가지로 희귀 광물과 천연가스, 여러 가지 해양 자원들이 풍부한 지역입니다. 게다가 최근 급속한 지구 평균 기온 상승으로 북극 빙하가 녹아 있는 기간이 길어지면서 그동안은 불가능했던 배의 운항도 가능해졌지요. 특히 배를 통해 동아시아에서 유럽까지 북극해를 지나는 '북극

 ● 영유권: 일정한 영토를 국가가 관할하는 권리 즉, 다스릴 수 있는 권리를 말해요.

항로'를 이용할 경우, 수에즈운하●를 경유하는 현재 항로보다 거리가 짧아져 운항 시간과 비용을 줄이는 효과가 크다고 해요. 즉, 북극해 주변국들은 이곳을 지나는 물자 수송에서도 이익을 예상할 수 있는 것이죠. 여러 방면에서 큰 경제적 이익이 기대되자 러시아, 미국, 노르웨이, 덴마크, 캐나다, 그린란드 등은 앞다투어 북극해 주변의 영유권을 주장하기에 이르렀어요. 최근 이들 국가는 항공모함, 잠수함, 군대까지 보내며 긴장감을 높이고 있지요. 아쉽게도 북극해는 남극조약 같은 약속이 없어요. 그래서 앞으로 주변국과의 분쟁은 물론, 무분별한 개발로 발생할 환경오염도 우려되는 실정입니다.

이렇듯 많은 나라가 관심을 갖는 극지방은 기후변화, 자원 고갈, 물 부족 등 인류가 맞닥뜨린 문제를 해결할 희망을 품게 하는 지역입니다. 하지만 극지방 개발의 장점만 생각해선 안 돼요. 과도한 개발로 인한 이상기후 현상과 자연재해, 생태계 파괴 등의 결과는 인간에게 고스란히 더 큰 피해로 돌아올 거예요. 이것이 극지방의 잠재력을 통해 밝은 미래를 꿈꾸되, 반드시 지혜롭고 신중하게 선택해야 하는 이유입니다.

● 수에즈운하: 지중해와 홍해를 잇는 운하로, 수에즈운하가 없을 때는 유럽에서 출발한 배가 인도와 아시아로 가기 위해서 아프리카 대륙을 크게 돌아가야 했지만 수에즈운하를 건설한 후에는, 아프리카 대륙을 돌아가지 않고도 지중해에서 바로 홍해를 지나 인도양으로 갈 수 있게 되었어요. 세계 해양 역사에 가장 큰 영향을 끼친 운하랍니다.

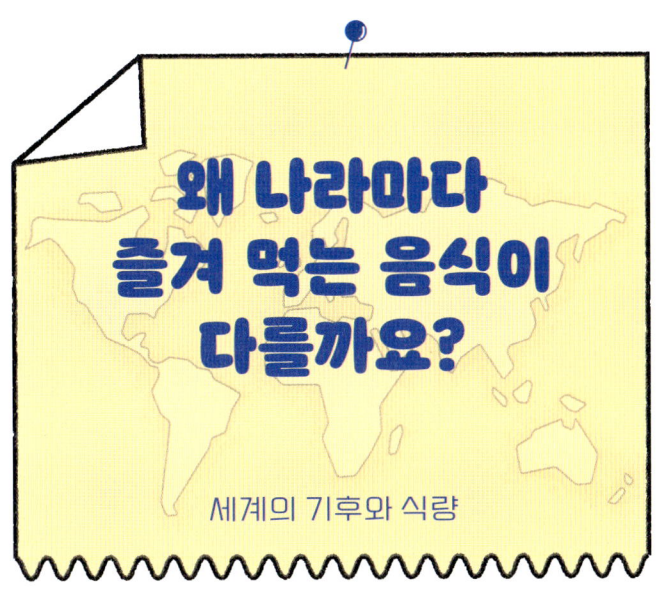

## 쌀밥을 먹는 대한민국, 빵을 먹는 영국

왜 같은 지구에 살고 있는데 우리나라 사람들은 쌀을 주식으로 먹고 유럽 사람들은 밀가루로 만든 파스타와 빵을 먹을까요? 우리 조상들이 온돌 문화를 발달시키는 동안 왜 아마존에 사는 사람들은 사다리를 타고 올라가는 집에 살았던 걸까요? 지리를 배우게 되면 지구상에 이토록 다양한 모습이 나타나는 이유를 자연스럽게 알게 된답니다.

지구가 23.5° 기울어진 덕분에 세계 곳곳에 다양한 기후가 나타난다는 사실을 이제 알았을 거예요. 일 년 내내 더운 지역이 있다면 우리나라처럼 일 년 동안 봄, 여름, 가을, 겨울을 보내는 지역도 있고, 일 년 내내 추운 지역도 있죠. 또한 무덥고 비가 많이 오는 우리나라 여름과 달리 무덥기만 하고 비가 오지 않는 여름을 보내는 지역이 있고, 우리나라처럼 춥고 건조한 겨울이 아니라 서늘하고 비가 많이 오는 겨울을 나는 지역도 있답니다.

## 세계에서 가장 뜨거운 열대기후

지구를 가로로 절반을 나눈다면 가장 뚱뚱한 중간 부분이 반으로 잘리겠죠. 우리는 이를 두고 위도 0° 또는 적도라고 말해요.

 지구의 위도와 적도

적도 주변은 일 년 내내 태양에너지를 많이 받아 기온이 높게 나타납니다. 경우에 따라서 일 년 내내 비가 많이 오는 지역이 있고, 대한민국처럼 겨울철에 건조한 지역과 계절에 따라서 내리는 비의 양이 큰 차이를 보이는 지역으로 나눌 수 있답니다. 일 년 내내 덥고 비가 많이 오는 지역을 우리는 열대우림기후라고 말하는데 우리에게 가장 익숙한 아마존이 바로 열대우림기후예요. 날씨가 무척이나 무덥고 비가 많이 와서 나무가 잘 자란답니다. 그래서 이곳에서는 아파트 15~20층 높이의 나무들을 자주 볼 수 있답니다. 고개를 들어 근처에 있는 고층 아파트를 올려다보면 아마존 나무의 높이가 실감이 될 거예요. 이 키 큰 나무들은 열대의 태양 빛을 거의 독차지하듯 하죠. 그래서 아랫부분은 매우 무덥긴 하지만 태양 빛이 잘 비치지 않고 비만 많이 내려 그늘이 지고 축축한 숲이 만들어지는데 우리는 이를 정글이라고 불러요. 이곳 사람들은 집을 바닥에 지으면 정글에 사는 각종 곤충과 뱀에게 공격받을 수 있어요. 더군다나 비가 많이 내릴 때는 집이 물에 잠길 수도 있죠. 그래서 높은 곳에 지은 집, 즉 고상 가옥이 나타난 거랍니다. 여기서는 때때로 사다리를 타고 집까지 올라가는 모습을 볼 수 있어요. 왜 열대우림에 사는 사람들이 사다리를 타고 집에 올라가야만 하는지 이제는 알겠죠?

이렇게 일 년 내내 무더운 날씨를 가진 열대기후에는 열대우림과는 다르게 겨울철에 비가 잘 내리지 않는 지역도 있답니다. 우리는 이런 기후를 보고 열대사바나기후라고 불러요. 사바나 다들 들어봤죠? 얼룩말이 뛰어다니고 치타가 그 뒤를 열심히 쫓는 그곳이요. 기린이 긴 목을 이용해 높은 곳의 나뭇잎을 따 먹고 코뿔소 무리가 모여 물을 마시는 모습을

사는 곳의 기후에 따라 집의 모양도 바뀌어요

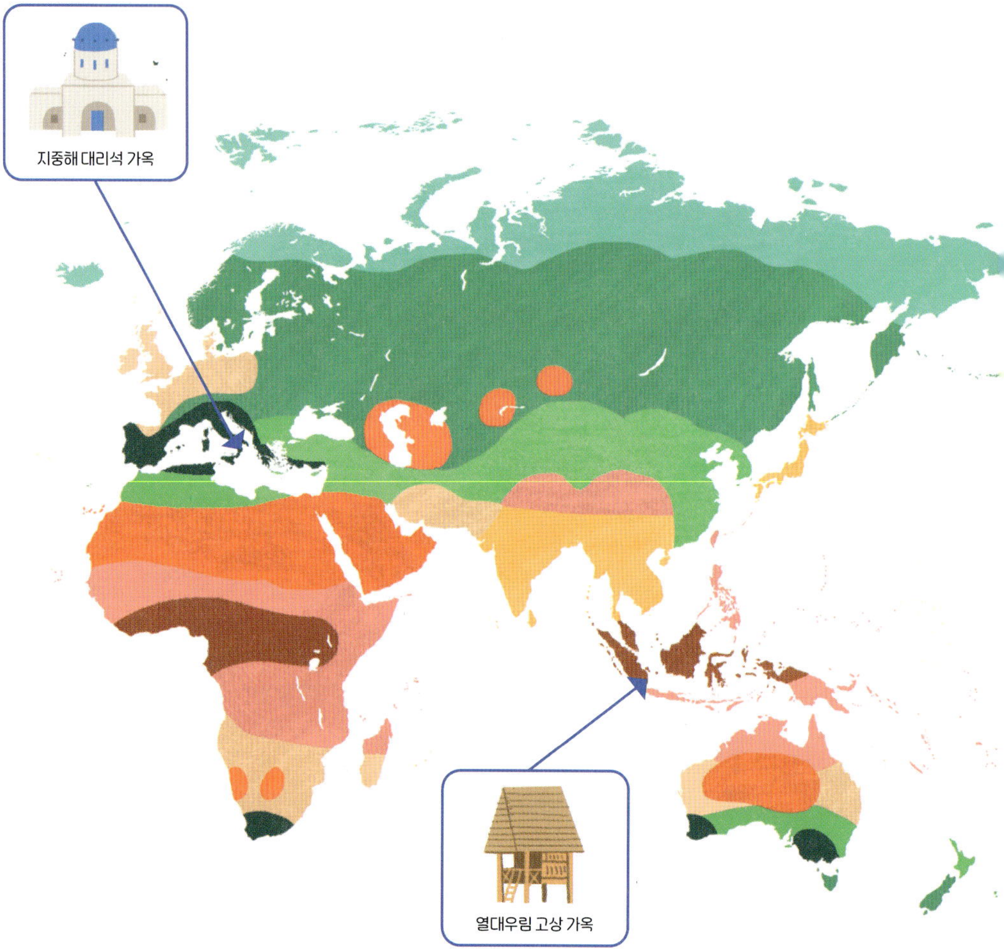

지중해 대리석 가옥

열대우림 고상 가옥

알면 똑똑해지리

- 적도 기후
- 사막 기후
- 지중해성 기후
- 냉대습윤 기후
- 한대 기후
- 열대사바나기후
- 서안해양성기후
- 열대우림기후
- 온난습윤기후
- 툰드라기후

> 열대우림(몬순) 기후에서는 땅에서 올라오는 열기와 습기를 차단하고 벌레의 피해를 막기 위해서 땅에서 멀리 떨어지게끔 집을 지어요. 지중해성 기후에서는 뜨거운 여름 햇볕을 막기 위해 창문이 작고 빛을 반사하는 흰색으로 집을 칠해요.

다들 떠올릴 수 있을 거예요. 이곳은 겨울철에는 비가 많이 내리지 않아 열대우림처럼 키 큰 나무들이 자랄 순 없어요. 대신 비가 좀 적게 오더라도 자랄 수 있는 키가 큰 풀들이 자라나죠. 그래서 이 풀을 뜯어 먹고 사는 초식동물이 먼저 이곳을 차지하고, 또 이 초식동물을 잡아먹고 사는 육식동물이 이곳을 지배하기 위해 어슬렁거린답니다. 우리가 말하는 동물의 왕국 사바나가 바로 이런 독특한 기후 때문에 나타난 지역이라는 말이죠.

## 지구에서 가장 많은 사람들이 살고 있는 온대 기후

우리가 사는 북반구 중간쯤엔 매우 독특한 세 가지 기후가 나타나요. 우리나라와 같이 여름철이 무덥고 비가 많이 오는 지역이 있는 반면, 일 년 내내 기온의 변화가 크지 않고 비가 고르게 오는 지역도 있어요. 심지어 여름철에 뜨겁게 내리쬐는 햇볕을 식혀 줄 비가 거의 내리지 않는 지역도 있답니다. 우리나라와 같은 곳을 온난습윤기후 또는 겨울건조기후 지역이라고 부르는데요. 여름철 기온이 매우 덥고 연 강수량이 1,000mm가 넘기 때문에 물이 많이 필요한 쌀을 재배하기에 좋아요. 그래서 우리 조상들은 과거부터 벼농사를 짓고 주식으로 쌀을 먹었습니다. 농사를 짓는 품에 비해 먹을 것이 상대적으로 부족한 밀농사보다는 생산량이 많은 벼농사가 많은 인구를 먹여 살리기 유리했던 거죠.

반대로 우리가 잘 아는 영국과 프랑스, 독일은 우리나라처럼 여름철 기온이 높지 않고 강수량이 많지도 않아 벼농사를 짓고 싶어도 짓지 못한답니다. 어쩔 수 없이 추위와 가뭄에 강한 밀농사를 짓고 빵이나 파스타

를 만들어 먹었던 거죠. 우리는 굳이 밀을 먹을 필요가 없었고 유럽의 일부 국가에서는 쌀을 먹고 싶어도 먹을 수 없었기에 주식이 달라진 거랍니다.

반대로 여름철이 매우 무덥지만 비가 오지 않아 보는 것만으로도 목마름이 느껴지는 지역들도 있어요. 스페인이나 이탈리아, 미국의 캘리포니아와 칠레 일부 지역은 여름철이 고온 건조한데 이를 지중해성기후라고 불러요. 주로 지중해 주변에서 나타나는 기후라서 이렇게 이름을 붙였지만 다른 대륙에서도 이런 기후가 나타나니 헷갈리면 안 돼요. 작물이 한참 성장해야 할 여름에 비가 안 오니 이곳에서는 벼농사도 밀농사도 마음대로 되는 게 없었어요. 어쩔 수 없이 건조한 여름철에도 든든히 버텨 낼 수 있는 뿌리 깊은 나무로 농사를 짓고 살아야 했죠. 그래서 이 지역에서는 포도, 오렌지, 올리브 등이 잘 생산됩니다. 캘리포니아의 오렌지로 만든 주스, 이탈리아에서 재배한 포도로 만든 와인이 바로 이 지역을 상징하는 것들이랍니다. 우리나라는 겨울철이 건조해 잔디가 자랄 수 없어요. 실외 스포츠 경기가 봄에 시작해 가을이면 끝이 날 수밖에 없죠. 하지만 일 년 내내 고르게 비가 오거나 오히려 여름철이 건조하고 겨울철에 비가 많이 오는 지역에서는 실외 스포츠 경기가 가을에 시작해 다음 해 봄에 끝난답니다.

우리가 무엇을 먹고, 어떤 집에서 사는지가 사실은 인간의 의지와는 크게 상관이 없다는 것이 놀라워요. 지금은 과학기술이 발달해 추운 날씨에도 따뜻할 때 자라는 작물을 재배할 수 있고, 비가 오지 않더라도 어디선가 물을 가져와 농사를 지을 수 있지만 우리 조상들은 그런 기술의 혜

택을 받지 못했어요. 그저 자연에 순응하면서 살아갈 수밖에 없었죠. 그렇게 살아온 조상들의 지혜가 쌓여 결국 세계의 다양한 문화를 만들어 내었고 후손들은 그런 지혜로부터 편안함과 삶의 즐거움을 얻게 되었답니다.

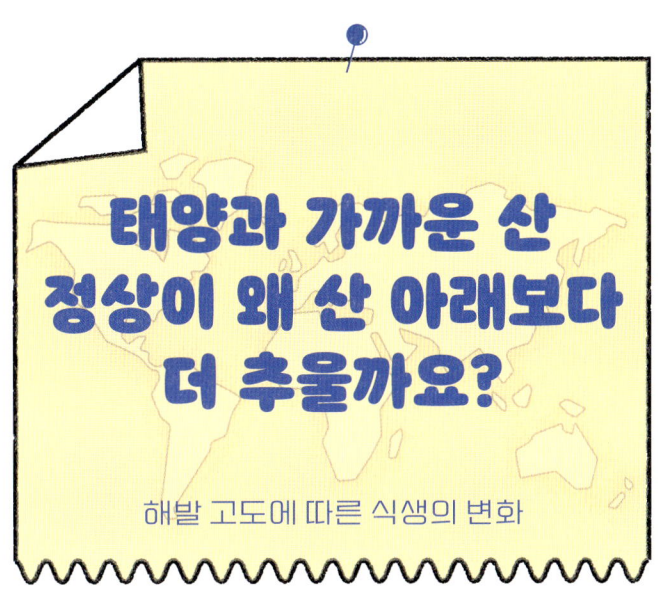

**태양과 가까운 산 정상이 왜 산 아래보다 더 추울까요?**

해발 고도에 따른 식생의 변화

## 태양이 보내는 에너지, 지구가 방출하는 에너지

부모님을 따라 산을 오르면서 땀을 뻘뻘 흘린 기억이 있지요? 숨이 가쁘고 다리에 힘이 쭉 빠져 부모님께 투정을 부리다 보면 어느새 정상에 도착하게 되지요. 천천히 땀을 식히며 집에서 싸 온 맛있는 김밥을 먹고 있으면 갑자기 추워진다는 느낌이 들기 시작해요. 산 아래보다 정상이 훨씬 태양에 가까운데 왜 우리는 산을 오르면 오를수록 추위를 느끼는 걸까요? 세상에서 가장 뜨거운 것이 태양인 줄 알았는데 태양에 가까워질수록 왜 기온은 내려가는 걸까요?

높은 곳에 오를수록 기온이 낮아지는 이유는 크게 두 가지를 꼽을 수 있답니다. 먼저 첫 번째 이유! 지구는 태양으로부터 뜨거운 열을 받아요. 그리고 열의 균형을 맞추기 위해 받은 열을 다시 지구 밖으로 방출을 하죠. 이렇게 방출되는 에너지를 적외선이라고 부르는데, 높은 곳으로 올라갈수록 지표●(地表)에서 방출되는 적외선으로부터 멀어지기 때문에 점점 추워지죠. 즉 우리가 느끼는 열은 태양이 보내는 열이 아니라 지구가 흡수했다가 방출하는 열이에요. 난로 앞에 앉아 있다가 점점 난로에서 멀어지면 열기가 적게 느껴지는 것처럼, 에너지를 방출하는 땅에서 멀어질수록 기온이 낮아지는 거랍니다. 그렇다면 "지구에서 방출하는 열에너지는 적게 받지만 태양에서 보내는 열에너지는 훨씬 많이 받는 거 아닌가요?"라는 의문이 생길 거예요. 사실 태양에서 보내는 열에너지는 산꼭대기와 평지 모두 같은 양이지만 산꼭대기에는 바람이 많이 불어 뜨겁게 달궈진 온도를 유지하기 어렵답니다. 즉 강한 바람에 의해 열이 여기저기 흩어지기 때문에 따뜻한 상태를 유지할 수 없는 거예요.

두 번째 요인은 공기가 늘 똑같은 모습으로 있지 않기 때문이에요. 공기는 커졌다 작아지기를 반복하는데 이것을 팽창과 수축이라고 해요. 손바닥으로 풍선을 누르면 압력을 받아 납작해지지만 손바닥을 떼면 다시 커지는 것이 바로 수축과 팽창의 원리라고 볼 수 있답니다. 즉 공기의 압력이 강할 때는 공기가 수축하지만 높은 곳으로 올라갈수록 공기의 압력이 낮아져 공기가 팽창하게 돼요. 이렇게 공기가 점점 커지면 온도가 떨

● 지표: 지구의 표면 즉, 땅의 겉면을 뜻해요.

어지는데 100m 정도 올라가면 약 1℃ 떨어진다고 합니다. 즉 공기의 압력이 낮아져서 부피가 커지는 것만으로도 주변의 온도를 떨어트린다는 말이죠.

공기의 압력이 낮아질 때 온도가 떨어지는 건 여러분도 직접 경험해 볼 수 있어요. 입으로 풍선을 불어 공기를 꽉 채운 다음 풍선 입구에서 손을 떼어내 보세요. 풍선에서 차가운 바람이 나오는 것을 느낄 수 있답니다. 이처럼 어떠한 간섭도 받지 않고 공기 스스로 온도를 떨어트리는 것을 우리는 '단열냉각'이라고 해요. 이런 단열냉각은 스스로 계속해서 공기의 온도를 떨어트리기 때문에 일정 시점이 되면 공기가 구름이 되고, 이 구름은 다시 비가 되어 우리에게 떨어지죠. 그래서 구름 하나 없이 맑은 날에도 산 위에는 구름이 잔뜩 껴 있는 모습을 종종 목격하는 거랍니다.

## 해발고도에 따라 달라지는 작물들

열대기후 지역에 사는 사람들은 아무리 추운 겨울에도 월평균 기온이 18℃ 이상이라 일 년 내내 더위와 싸워야 해요. 하지만 같은 열대기후 지역이라도 높은 곳에 사는 사람들은 한여름에도 13℃ 정도의 선선한 여름을 만끽할 수 있죠. 이를 고산기후라고 이야기하는데, 일 년 내내 봄과 같은 날씨가 이어진다고 해서 상춘(常春)기후라고도 말을 해요. 사람들이 살기에는 뜨거운 열대지역보다 조금 높은 산이 더 나을 수 있겠죠? 반대로 온화한 기후일 경우, 평지에는 사람들이 살기 좋은 날씨가 유지되지만 높은 산 위에서는 일 년 내내 눈이 녹지 않는 만년설을 볼 수 있답니다. 유럽에 있는 거대 산맥인 알프스산맥은 해발고도가 최대 4,807m나 될 정도로 아주 높은 산이에요. 그 주변에 있는 프랑스와 이탈리아, 독일 등에서는 너무 덥지도 않고 춥지도 않은 온화한 기후가 나타나지만, 알프스산맥의 꼭대기 부분에서는 한여름에도 눈이 쌓여 있는 모습을 볼 수 있답니다. 그래서 알프스의 드넓은 초원에서 목장을 운영하는 사람들은 여름철엔 조금 더 높은 곳으로 올라가 시원한 날씨 속에 소와 양을 키우고, 겨울이면 다시 내려와 따뜻한 겨울을 맞이해요. 이렇게 산의 위아래를 계절별로 이동하면서 농사짓는 방식을 '이목'이라고 불러요.

우리나라에도 이목 지역이 있어요. 동계올림픽 개최지로 유명한 강원도 평창 입구에 들어서면 'HAPPY 700'이라는 표지판을 볼 수 있는데요. 인간이 가장 쾌적함을 느끼고 상쾌한 기분을 누릴 수 있는 해발고도 700m 지역에 온 것을 환영한다는 의미로 붙여 놓았다고 하네요. 이 쾌적한 날씨 덕분에 휴양지로도 잘 알려져 있지만, 사실 이곳에서 가장 유명한 것은 배추예요. "해발고도 700m에서 배추라니?" 의아하지요?

사실 배추는 냉량성(冷涼)작물로 서늘한 기후에서 잘 성장하는 성질이 있습니다. 배추, 무, 감자 등이 냉량성 작물의 대표적인 예랍니다. 이렇게 높은 해발고도의 서늘한 기온을 이용해 냉량성 작물을 재배하는 방식을 고랭지농업이라고 합니다. 우리나라에선 평창이 아주 유명한 곳이죠. 한여름 배추 생산이 어려울 때 평창에서 배추를 생산하면, 도시에서는 구할 수 없는 신선한 배추를 먹을 수 있어서 좋고 평창에서는 배추가 귀한

● 냉량성: 차갑고 서늘하다는 뜻이에요.

### 제주도 고도에 따른 식생의 변화

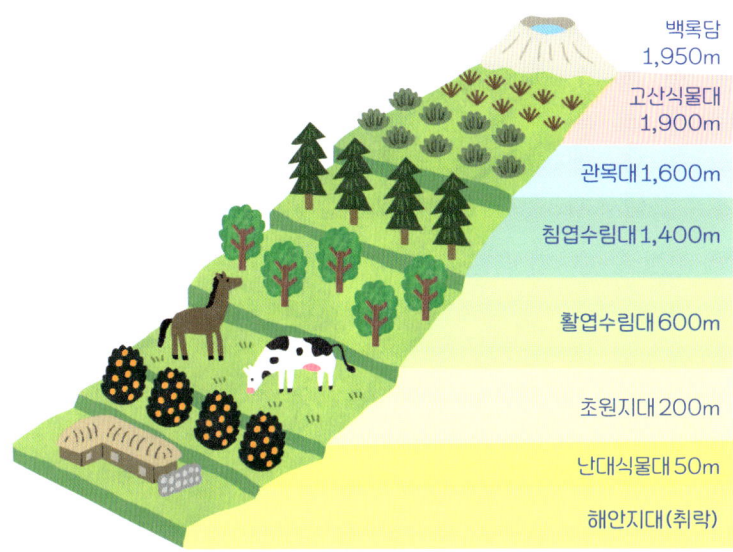

백록담 1,950m
고산식물대 1,900m
관목대 1,600m
침엽수림대 1,400m
활엽수림대 600m
초원지대 200m
난대식물대 50m
해안지대 (취락)

한라산은 지형이 높아질수록 더운 곳에서 자라는 식물에서부터 추운 곳에서 자라는 식물까지 골고루 관찰할 수 있는 곳이에요. 지형이 높아질수록 식물의 종류가 달라지는 것을 '식물의 수직적 분포'라고 말한답니다.

때에 비싼 가격으로 판매할 수 있어 서로에게 이득이에요.

제주도는 우리나라 최남단 마라도를 제외하곤 가장 남쪽에 있는 섬이에요. 그래서 더운 여름이 길고 추운 겨울이 아주 짧지요. 제주도 하면 떠오르는 게 한라산일 텐데요. 이 한라산의 고도는 무려 1,950m나 된다고 합니다. 그래서 한라산 정상에 가면 '1번 9경 50시오.'라는 재미있는 문구도 만날 수 있다고 하네요. 제주도의 평지 지역에서는 더운 지역에서만 자라는 난대 식물들을 볼 수 있어요. 우리가 생각하는 제주도의 야자수가 대표적이랍니다. 하지만 한라산으로 올라가면 올라갈수록 활엽수림대, 침엽수림대, 관목대, 고산식물대가 나타나는 게 특징이에요. 위로 올라갈수록 추운 곳에서 자라는 식물이 관찰되는 거죠. 한라산은 식생의 수직적 분포를 가장 뚜렷하게 관찰할 수 있는 곳이라고 합니다. 혹시 다음에 한라산을 오르게 된다면 고도에 따른 식생의 변화를 살펴보는 것도 또 다른 재미가 되겠죠?

　인간은 기후 조건에 맞추어 생활양식과 독특한 문화를 발달시키며 살아왔어요. 어떠한 악조건에도 굴하지 않고 자신들이 살 수 있는 최적의 방식을 찾아서 살아온 거죠. 우리가 살고 있는 대한민국의 문화도 우리 조상들이 기후와 지형의 장점을 활용하고 단점을 보완하면서 만들어 낸 거랍니다. 선조들의 지혜에 감사하며 더 이상 지구가 아파서 기후가 변하지 않도록 우리 스스로 노력을 해야겠죠?

● 식생의 수직적 분포: 해발고도가 높아질수록 기온이 낮아져 식물 분포가 달라지는 것을 말해요.

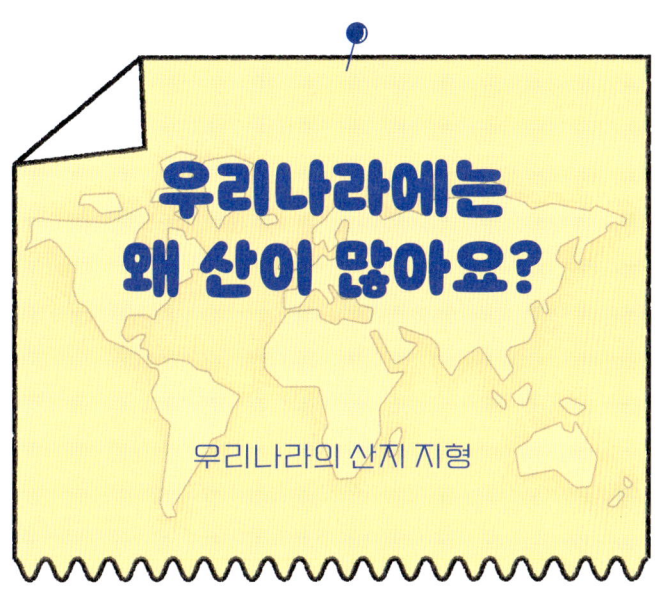

## 우리나라에는 왜 산이 많아요?

우리나라의 산지 지형

### 살아 있는 자연사 박물관, 한반도

지구의 나이는 무려 46억 살이라고 해요. 그럼 우리 한반도의 나이는 어떻게 될까요? 바로 30억 살이에요. 30억 년이나 된 한반도의 나이는 지구의 역사와 비교했을 때 결코 적은 나이가 아니에요. 이런 사실을 어떻게 알 수 있냐고요? 바로 암석이 알려 주는 것이랍니다. 암석의 형성 시기를 밝혀내면 그 땅의 나이를 알 수 있어요.

우리나라는 곳곳에 각 시대를 대표하는 다양한 암석과 화석이 분포하

## 한반도의 지질 역사

|  |  |
|---|---|
| 46억 년 전 | 지구가 탄생했어요 |
| 29억 년 전 | 한반도에서 가장 오래된 광물이 형성되었어요 |
| 5억 4,000만 년 전 | 고생대가 시작됐어요 |
| 5억 년 전 | 한반도의 과거 위치를 알 수 있는 가장 오래된 시기예요 |
| 4억 5,000만~3억 1,000만 년 전 | 강원도에서 고생대 지층이 사라졌어요 |
| 2억 5,000만 년 전 | 중생대가 시작됐어요 |
| 1억 5,000만 년 전 | 공룡들의 낙원이었던 경상도<br>세 조각이었던 한반도가 하나가 되었어요<br>중생대 동안 땅속에서 활발한 화산활동 및 지각활동이 일어났어요 |
| 6,500만 년 전 | 신생대가 시작됐어요 |
| 2,500만 년 전 | 일본이 떨어져 나가고 동해가 열리기 시작했어요 |
| 450만~250만 년 전 | 독도가 생겼어요 |
| 443만 년 전 | 백두산이 형성되었어요 |
| 170만 년 전 | 제주도에서 화산이 분출하기 시작했어요 |

고 있어서 '살아 있는 자연사 박물관'으로 불리지요. 지금의 한반도 지형도 한순간에 만들어진 것이 아니에요. 긴 지질 역사를 가진 한반도는 시생대-원생대-고생대-중생대-신생대로 이어지는 다양한 지질 시대를 거쳐왔어요. 또 수많은 지각 변동을 겪으며 땅의 모양도 여러 번 바뀌어 지금에 이르렀지요.

　한반도가 오래된 땅이라는 증거는 주변에서도 쉽게 찾아볼 수 있어요. 혹시 공원이나 아파트 정원에서 짙은 회색에 흰색 줄무늬가 있는 암

**우리나라에서 가장 많은 두 가지 암석**

편마암                                              화강암

편마암은 오랜 시간 열과 압력을 받아 생기는 암석이고, 화강암은 땅속에서 생긴 뜨거운 마그마가 천천히 식으면서 굳어진 암석이에요.

석을 본 적이 있나요? 그 암석이 바로 편마암이랍니다. 편마암은 시생대와 원생대에 형성된 이후 오랜 시간 동안 열과 압력을 받으며 만들어진 암석이에요. 편마암은 우리나라 전체 암석의 무려 40%나 차지하고 있어요. 오래된 암석의 비중이 높다는 것은 그만큼 한반도가 오래된 땅이라는 증거입니다.

한편, 약 5억 4,000만 년 전부터 시작된 시대를 고생대라고 해요. 고생대는 우리나라 땅의 일부가 바다에 잠겼던 시기예요. 이때 바다에 사는 조개껍데기와 산호가 쌓여 시멘트의 원료가 되는 석회암이 되었어요. 이후 약 2억 5,000만 년 전부터 시작된 공룡의 시대를 중생대라고 해요. 중생대에 한반도에서 격렬한 지각운동이 여러 번 일어났어요. 이때 우리나라 땅 곳곳에 큰 금이 가고 땅속에서는 마그마가 굳어져 화강암이 만들어졌지요. 화강암은 우리나라 지각의 약 30%를 구성하며 편마암 다음으로 큰 비중을 차지하고 있는 암석이에요. 석가탑, 다보탑을 아시나요? 두 탑 모두 화강암을 깎아 만들었어요. 중생대 이후 오랫동안 침식●을 받으며 한반도는 평평한 지형이 됩니다. 그러다 6,500만 년 전부터 신생대가 시작돼요. 신생대에는 현재의 한반도 지형을 만든 중요한 지각 변동이 일어나지요.

## 동쪽은 높고 서쪽은 낮은 한반도 지형

우리나라는 국토 면적의 약 70%가 산지로 이루어져 있어요. 그래서 어디서든 쉽게 산을 발견할 수 있지요. 하지만 대부분은 낮고 완만한 산지 지형이에요. 해발고도 1,000m 이상의 고지대는 국토 면적의 약 10%에 불과하지요. 게다가 대부분 높은 산은 우리나라 동쪽에 치우쳐 있어요. 유독 동쪽에 높은 산지가 집중해 있는 이유는 바로 동해의 탄생 때문이랍니다.

원래 한반도와 일본은 붙어 있었지만 신생대 제3기 중엽(약 2,500만 년 전)부터 양쪽으로 분리되며 그 자리에 동해가 만들어진 거예요. 이때 한반도는 동해에 가까운 동쪽을 중심으로 강한 힘을 받아 높게 솟아오르게 됩니다. 그 결과 동쪽은 높고 서쪽은 낮은 동고서저의 비대칭 지형을 형

● 침식: 지표의 바위나 돌, 흙 등이 하천이나 파랑 등에 의해 깎여 나가는 것을 말해요.

성하게 된 것이죠. 그래서 상대적으로 해발고도가 높은 산지는 주로 북동부 지역에 분포하며, 해발고도가 낮은 구릉성 산지는 주로 남서부 지역에 분포하고 있어요. 동해안을 따라 길게 뻗어 있는 함경산맥과 태백산맥도 이 시기에 만들어졌지요. 서해안에서 대관령 꼭대기까지의 직선거리는 약 200km인데 반해 대관령에서 동해까지는 약 30km에요. 대관령 서쪽과 동쪽의 경사 비율을 비교해 보면 태백산맥 동쪽이 얼마나 급경사인지 알 수 있지요? 동해안에서 태백산맥을 바라보면 위풍당당하게 솟은 산이 압도적으로 느껴진답니다.

### 돌산과 흙산은 왜 다르게 생겼을까?

여러분은 누구를 닮았나요? 아마도 부모님의 성격이나 외모를 많이 물려받았을 거예요. 산지 지형도 마찬가지예요. 83쪽 그림의 설악산과 지리산의 봉우리를 살펴볼까요? 한쪽 산의 정상부는 바위가 많이 드러나 있지만, 다른 하나의 정상부는 나무로 덮여 있어요. 이러한 차이가 나타나는 이유는 무엇일까요? 그것은 바로 두 산을 이루는 엄마 암석(모암, 기반암)이 다르기 때문이에요. 우리나라는 백두산과 한라산 같은 화산을 제외한 나머지 산지를 크게 돌산과 흙산으로 구분해요. 돌산은 기반암이 화강암, 흙산은 기반암이 편마암이에요.

화강암 지대에 이렇게 돌산이 발달하는 이유는 화강암이라는 암석 특성 때문이에요. 화강암은 중생대에 땅속 깊은 곳에서 마그마가 굳어서 형성된 암석이지만 오랫동안 침식 작용을 받아 지표에 드러나게 되었어요.

지표에 드러난 화강암은 본격적으로 암석이 잘게 부서지는 과정인 풍화작용을 받았어요. 비교적 큰 입자들로 구성된 화강암은 풍화 결과 석영 등의 모래 크기로 부서졌지요. 모래 크기의 굵은 입자는 비가 내릴 때 빗물에 잘 씻겨 내려가요. 여름에 해수욕을 갔다가 몸에 달라붙었던 백사장의 모래는 금세 툴툴 떨어지지요? 마찬가지로 돌산 봉우리 부근의 모래는 씻겨 내려가고 화강암 덩어리만 남게 돼요. 그 결과 돌산 봉우리 부근은 토양층이 얕아 나무와 풀이 울창하게 자라기 어려워요. 게다가 경사가 급한 암석 덩어리가 대부분이라 산세가 험준하기도 하지요. 대신 형태가 특이하고 다양한 암석이 곳곳에 분포하여 경치가 아름답기로 유명해요. 예부터 신비롭고 아름다운 경관으로 인기가 많아 선조들의 시와 그림의 배경이 되었던 금강산, 설악산, 북한산, 인왕산 등이 대표적인 돌산이에요. 지금도 계절에 따라 아름다운 경관을 자랑하는 산들이 많아 관광지로 인기가 높고 암벽 등반을 즐기는 사람들이 주로 찾지요.

한편, 흙산은 시·원생대에 형성된 편마암이 오랜 시간에 걸쳐 풍화와 침식을 받으면서 두꺼운 토양으로 덮인 산지를 말해요. 오랜 시간 동안 열과 압력을 받으며 미세한 입자로 구성된 편마암은 풍화를 거친 뒤에도 진흙과 점토처럼 입자가 고운 흙이 돼요. 진흙 먼지가 옷이나 몸에 달라붙으면 잘 떨어지지 않지요? 그래서 편마암이 풍화되어 만들어진 흙은 빗물에 잘 씻겨 내려가지 않고 그 자리에 쌓이고 쌓여 두꺼운 토양층을 형성합니다. 두꺼운 토양층이 쌓인 흙산에는 울창한 숲이 발달할 수 있고 대체로 산의 경사가 완만하여 포근하고 친근한 느낌을 주지요. 게다가 수

● 풍화작용: 지표를 구성하는 암석이 햇빛, 공기, 물, 생물 등의 작용으로 잘게 부서지는 일을 말해요.

한반도의 동쪽과 서쪽 지형과 서로 다른 산의 모습

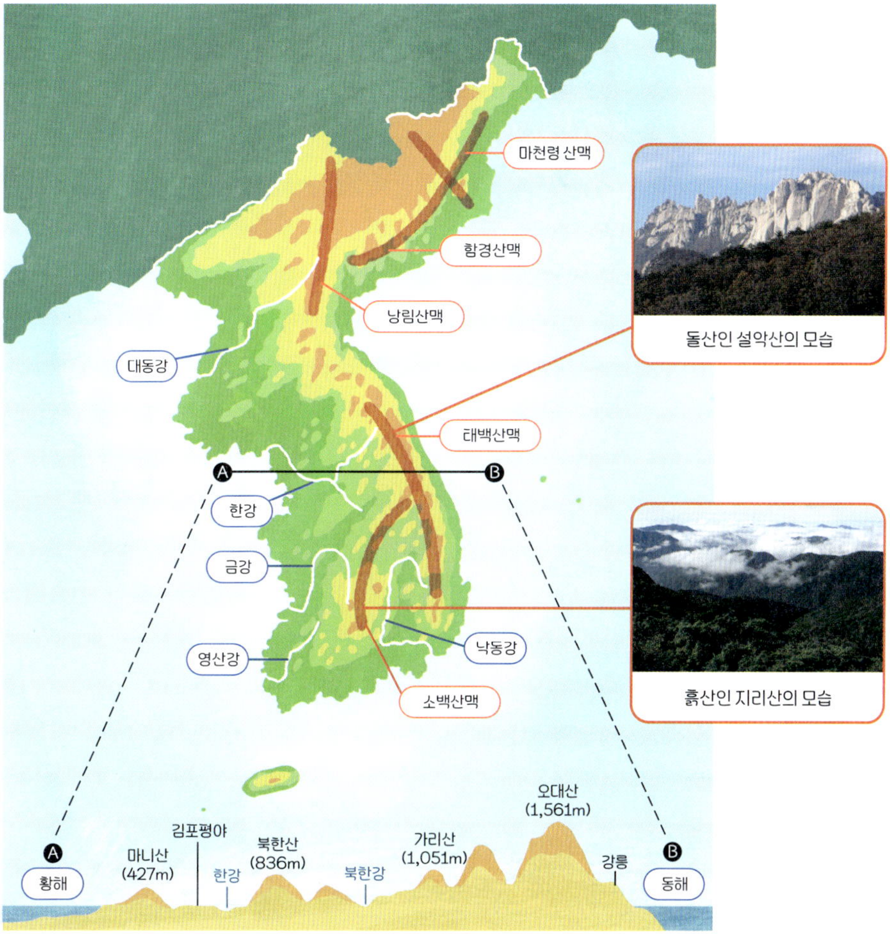

자원도 풍부하고 다양한 동식물이 살기에도 좋은 환경이에요. 반달곰이

겸재 정선이 그린 금강산

 대표적인 돌산인 금강산의 수많은 화강암 봉우리들이 아름답게 표현되어 있어요.

사는 우리나라 제1호 국립공원인 지리산을 비롯하여 덕유산, 오대산 등이 대표적인 흙산이에요.

## 산지의 가치

우리 국토의 70%나 차지하고 있는 산은 제각기 모습은 다르지만 우리에게 늘 친숙한 공간이죠. 우리 선조들은 산림에서 나는 풀인 임산물을 채취하고, 땔감을 얻고, 경작지를 만들어 먹거리를 생산하며 살았지요. 또 산지는 지하자원과 삼림 자원 등 각종 자원 공급지로서 중요한 역할을 해 왔어요. 한때 산지는 높은 고도와 경사 때문에 각 지역에 사는 사람들이 교류하는 데 장애물이 되기도 했지만, 최근에는 교통의 발달로 접근성이 향상되면서 관광산업이 성장하는 데 크게 기여하고 있답니다. 산지의 아름다운 경관은 물론이고 높은 지형을 활용한 스키장, 레저 시설들을 이용하고자 하는 사람들이 증가하고 있어요. 또 바쁜 현대인들에게 산은 치유와 휴식의 공간이 되어 주기도 해요. 게다가 산림은 이산화탄소를 흡수·저장하고 대신 산소를 공급해 줘서 기후위기 시대를 살아가는 지금 그 가치와 중요성이 점점 커지고 있어요.

안타깝게도 산으로 휴가를 떠나는 사람들을 위해 지어지는 도로, 댐, 스키장, 골프장 등은 환경 파괴와 생태계 훼손이라는 부작용을 낳기도 합니다. 인간에게 이로운 방향으로 산을 이용하되 자연을 소중하게 여기고 그 가치에 관심을 기울이는 자세도 반드시 필요하겠지요.

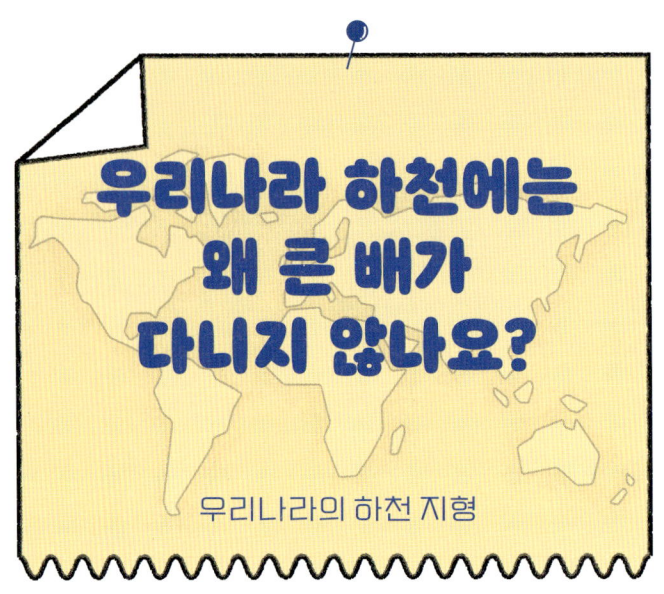

# 우리나라 하천에는 왜 큰 배가 다니지 않나요?

우리나라의 하천 지형

## 대부분 황해로 흐르는 하천

여러분이 사는 곳 주변에는 어떤 하천이 흐르고 있나요? 큰 강이 흐르고 있나요? 아니면 조그마한 개울이나 천이 흐르고 있나요? 우리나라에서는 크고 작은 하천들이 곳곳에 분포하고 있어 어디에 살든 그리 멀지 않은 곳에서 하천을 만날 수 있어요.

우리나라의 큰 하천들이 흘러가는 방향을 살펴보면 두만강을 제외한 대부분은 유독 황해나 남해로 흘러가는 걸 알 수 있어요. 그 이유는 우리나라 산지 지형의 분포 때문이에요. 물은 높은 곳에서 낮은 곳으로 흘러가는데 대체로 동쪽이 높고 서쪽이 낮은 우리나라에서는 하천도 동쪽에서 서쪽으로 흘러가는 것이죠. 한반도에서 가장 긴 강인 압록강도 백두산에서 흐르기 시작하여 중국과의 국경을 이루며 황해로 흘러가요. 북한의 대동강도 낭림산맥에서 시작하여 평양을 지나 황해로 흘러갑니다. 남한의 한강, 금강, 영산강 등도 마찬가지로 동에서 시작해서 서쪽으로 흐르는 큰 강들이에요. 한편, 남한에서 가장 긴 강인 낙동강은 강원도 태백에서 시작해 북에서 남으로 흘러 경상도 지역을 지나 남해로 흘러간답니다.

## 바닷물이 드나드는 하천, 감조하천

우리나라 주변 바다는 하루에 두 번씩 규칙적으로 바닷물이 드나들어요. 이때 바닷물이 육지로 흐르는 밀물 때의 높은 해수면 상태를 만조라고 하고 반대로 육지에서 바다로 흐르는 썰물 때의 낮은 해수면 상태를 간조라고 해요. 그리고 만조와 간조 사이 해수면의 수위 차이를 '조차'라고 하지요. 우리나라 서해안과 같이 조차●(潮差)가 큰 해안에서는 만조 시에 하천의 수위보다 해수면의 높이가 더 높아질 수 있는데, 이럴 때 바다와 접하는 하천의 하구 또는 하류부에서는 바닷물이 하천의 상류 쪽으로 거슬러 오르는 현상이 나타나요. 이렇게 바닷물이 드나듦의 영향을 받는 하천 하류부를 감조구간이라고 하고, 이런 하천을 감조하

● 조차: 밀물과 썰물의 수위의 차이를 말해요.

**한반도의 산맥과 하천**

천이라고 해요. 감조는 '느낄 감(感)', '밀물 조(潮)'로 '밀물의 영향을 받는

다'라는 뜻이에요. 즉, 감조하천은 밀물 때 바닷물의 영향을 받는 구간인 감조구간이 나타나는 하천이에요.

남한의 4대강이라고 불리는 한강, 금강, 영산강, 낙동강 모두 감조하천이에요. 도시화가 진행되면서 하천이 정비되기 전에는 한강은 잠실, 금강은 부여, 낙동강은 삼랑진 부근까지나 감조구간이 나타났다고 해요. 지금과 같은 동력 장치가 없이 배로 운항했던 옛날에는 썰물 때 내륙에서 바다로 나갔다가 밀물 때를 이용해 다시 바다에서 내륙으로 이동하였지요. 덕분에 큰 힘을 들이지 않고도 바다를 오갈 수 있었어요. 옛날 우리 선조들이 감조구간을 활용해 서해안의 소금과 수산물을 부지런히 실어 나르던 모습이 그려지지 않나요?

지금도 서울의 한강 주변에는 소금 염(鹽) 자가 들어간 이름을 가진 '염창동', '염리동'이라는 동네가 있어요. 과거에 소금 창고와 소금 이동길이 있었다는 흔적이 지명에 남아 있는 것이지요.

### 변덕이 심한 우리나라 하천

오늘날 우리나라 하천에서는 작은 고깃배가 오가던 옛 모습을 찾아보기 힘들어요. 유럽처럼 큰 배가 강을 오갈 수도 없고요. 우리나라는 하천의 물길을 따라 사람이나 화물을 실어 나르는 수운 교통이 발달하기에는 기후 조건이 불리해요. 하천은 '지표에 내린 강우 등이 모여서 흐르는 물길'을 의미하지요. 그래서 어떤 지역의 하천 수위나 유량(流量)

 ● 유량: 하천을 따라 흐르는 물의 양을 뜻해요.

의 변동 폭은 그 지역의 강수 특징을 반영하게 돼요. 일 년 내내 비가 고르게 내리는 지역에서는 하천의 수위와 유량도 일정하게 유지되어 수운 교통을 안정적으로 활용할 수 있어요. 하지만 우리나라는 일 년 동안 내릴 비의 절반 이상이 여름에 집중적으로 내리는 계절풍 기후 지역이에요. 그래서 여름과 겨울의 강물의 수위와 유량이 엄청나게 차이가 나지요. 한강이나 낙동강의 경우, 유량이 가장 많을 때와 적을 때의 차이가 약 400배나 된다고 하니 정말 놀라운 수준이지요? 규모가 작은 하천의 경우에는 겨울이나 봄에 물이 말라 버려 아예 바닥을 드러내기도 하고요. 이런 조건에서는 안정적으로 수운을 이용하기 어려워요. 그래서 우리나라 하천에서는 유럽의 하천처럼 큰 배가 물자를 싣고 오가는 모습을 볼 수 없는 것이랍니다.

　이렇게 우리나라는 여름에 강수가 집중되기 때문에 일찍감치 다른 계절에 사용할 물을 저장해 둘 필요성을 느끼고 방법을 찾았어요. 그래서 우리 조상들은 하천 중간에 보나 저수지를 설치해 물을 가두어 두고 사용했지요. 근현대 시기를 거쳐 하천 상류에 많은 댐을 건설한 것도 같은 이유입니다. 우리나라의 댐 밀집도˚가 세계 1위 수준이라고 하니 물 저장에 대한 필요성이 얼마나 큰 나라인지 알 수 있지요.

## 하천의 물길을 되살리는 생태 하천

인간은 물을 떠나 살 수 없기에 예부터 하천과 가까운 곳에 터를 잡고 살았어요. 특히 큰 하천 하류 지역에는 퇴적 작용, 즉 상류부터 운반된 모래와 흙이 쌓이는 작용이 활발해 넓은 평야도 발달해 있어요. 평야는 농사와 주거지 형성에 유리해 예부터 사람들이 모여드는 곳이었죠. 또 평야 지대는 교통이 편리해 산업 시설이나 도시가 발달하기에도 좋아요. 그래서 우리나라 주요 도시들은 대부분 하천을 중심으로 발달해 있답니다.

우리나라는 1970년 이후 산업화와 도시화● 과정을 거치면서 인구 대부분이 도시라는 거주 공간에서 살고 있어요. 개발과 성장에 급급했던 산업화와 도시화는 하천 생태계에 치명적인 결과를 낳았어요. 인구와 산업 시설이 도시로 한꺼번에 유입되자 제대로 처리되지 않은 생활 오수, 산업 폐수 등이 하천으로 흘러들어 수질을 악화시켰던 것이죠.

또 홍수 조절과 효율적인 관리를 위해 도시 하천 주변에 제방을 쌓고 물의 흐름을 직선화하는 '직강 공사'를 시행했어요. 자연스럽게 굽이쳐 흐르는 물길을 인간의 편의를 위해 직선으로 다듬은 것이죠. 잠시 달리기하는 모습을 떠올려 볼까요? 누구나 빨리 결승선에 도착하기 위해 삐뚤삐뚤한 경로가 아닌 최대한 짧은 거리를 똑바로 이동하려고 할 거예요. 같은 원리로 자연스럽게 굽이쳐 흐르던 하천이 직선화되면 많은 비가 내릴 때 강물이 상류에서 하류로 빠른 속도로 이동하게 돼요. 그래서 직선화된 하천은 하천 직강화 이전보다 수위가 급속하게 오르고 이로 인해 도시의 홍수 피해가 잦아지는 원인이 되었어요.

더불어 하천 주변에 설치된 많은 도로와 주차장 때문에 생물 서식처가 파괴되고 생태적 연결성도 단절되었답니다. 하천 상류에 세워진 수

- 밀집도: 얼마나 빈틈없이 빽빽하게 모여 있는지를 측정한 비율을 밀집도라고 해요.
- 산업화와 도시화: 산업화란 농촌에서 농사를 짓던 사회에서 공장과 기업에서 물건을 생산하고 필요한 서비스를 제공하는 사회로 변화는 것을 말해요. 도시화란 도시에 사는 사람들이 점점 늘어나서 도시가 커지는 현상을 말하지요.

 하천이 살아났어요

경기도 성남에 있는 탄천의 모습이에요. 습지를 조성하는 하천 복원사업으로, 2007년 59종이던 탄천의 서식 생물은 2015년 193종으로 늘어났어요.

많은 댐과 하구에 만들어진 하굿둑, 방조제 건설은 자연적인 하천의 흐름을 막아 물 오염을 심화시켰지요. 다행히 환경에 대한 시민들의 의식 수준이 향상되면서 최근에는 생태 하천 복원에 대한 목소리가 높아졌어요. 실제로 많은 곳에서 지역 하천의 물길을 되살리고 습지를 조성하여 하천 생태계가 회복될 수 있도록 노력하고 있답니다. 더불어 복원된 하천에서 시민들이 즐겁고 건강하게 생활할 수 있도록 친환경적 휴식 공간과 문화 공간을 함께 조성하고 있어요. 인간은 아름답고 깨끗한 환경에서 건강하고 행복할 수 있습니다. 그러니 우리 모두 우리나라의 하천을 소중히 여기고 지켜야겠지요.

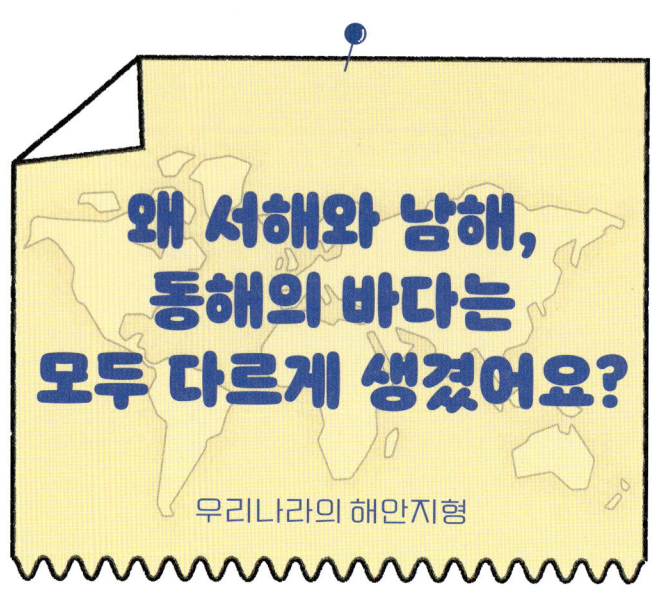

# 왜 서해와 남해, 동해의 바다는 모두 다르게 생겼어요?

## 우리나라의 해안지형

### 삼면이 바다로 둘러싸인 반도

우리나라는 북쪽을 제외한 동쪽, 서쪽, 남쪽 삼면이 모두 바다로 둘러싸여 있어요. 육지가 바다 쪽으로 뻗어 나와서 삼면이 바다로 둘러싸인 땅을 '반도'라고 하는데, 우리나라는 '한민족이 사는 반도'라는 뜻으로 '한반도'라고도 부르죠. 우리는 어디서든 3시간 내로 바다를 만날 수 있기에 바다가 있는 환경이 당연하게 느껴져요. 하지만 세계지도를 펼쳐 보면 바다와 접하지 않은 나라들이 꽤 많다는 것을 알 수 있답니다. 이런 나라들을

**동해안의 대표적인 호수 경포호**

동해안의 특징 중 하나는 바닷가에 호수가 발달했다는 것이에요. 경포호는 강릉에 위치한 대표적인 석호(바닷가에 형성된 호수)로, 경치가 아름답기로 유명해요.

'내륙국'이라고 부르는데 대표적으로 스위스, 오스트리아, 몽골, 네팔 등을 꼽을 수 있어요. 바다를 보유하고 있다는 건 그 자체로 선물 같은 일이에요.

우리나라를 둘러싼 바다들은 서로 다른 매력과 개성을 뽐내고 있어요. 먼저 해안선의 모습부터 확연하게 차이가 나지요. 두만강 하구부터

## 파도에 의해 만들어지는 지형

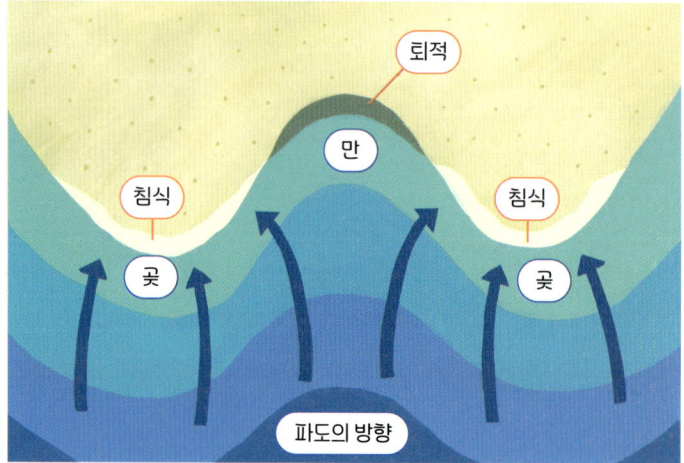

 곶은 육지가 바다 쪽으로 돌출된 곳으로, 파랑에너지가 집중되어 침식 작용이 활발해요. 반면 만에서는 파랑에너지가 분산되어 퇴적 작용이 활발합니다. 따라서 모래나 진흙이 쌓인 지형이 잘 발달하지요.

부산까지 이어져 있는 곳이 동해안이에요. 동해안은 태백산맥과 함경산맥이 뻗어 있는 방향과 평행하게 해안선이 형성되어 있어요. 이렇게 바닷가 가까이에 산지가 거의 맞닿아 있다 보니 해안선이 단조로운 편이에요. 그리고 해안을 따라 하천이 운반해 온 모래들이 파랑(波浪)에 의해 쌓여 형성된 하얀 모래밭이 길게 펼쳐져 있어요. 거기에 푸르고 깊은 동해가

● 파랑: 바람에 의해 나타나는 바다의 물결로 파도라고도 해요.

어우러져 아름다운 풍경을 자랑하고 있죠. 여름철이면 많은 사람이 동해안에서 해수욕을 즐기며 이 풍경을 한껏 즐긴답니다.

동해안의 특징 가운데 하나는 바닷가에 호수가 발달한 것이에요. 바다에서 육지 쪽으로 들어간 만(灣)의 입구에 모랫둑(사주)이 쌓이면 안쪽에 호수가 만들어지며 바다와 분리돼요. 이렇게 만들어진 호수를 '석호'라고 부르죠. 동해안을 따라 분포하는 경포호, 청초호 등의 석호는 경치가 아름답기로 유명해요.

## 바다의 정수기 갯벌의 가치

산맥과 해안이 평행하게 분포하는 동해안과 달리 서해안과 남해안은 산맥이 바다를 향해 뻗어 있어요. 산맥과 해안선이 거의 수직으로 만나 교차하는 모습이지요. 사실, 지구 온도가 낮았던 빙기에는 수심이 매우 깊은 동해와 달리 수심이 얕은 서해 대부분과 남해 일부는 육지로 드러나 있었어요. 그러다 약 1만 5,000년 전 마지막 빙기가 끝나고 지구의 온도가 다시 오르면서 빙기 때 육지였던 서해에 바닷물이 차오르게 되었죠. 그 결과 높은 산지 부분은 곶이나 반도, 섬으로 남고, 산지 사이의 골짜기 부분은 바닷물에 잠겨 만으로 발달했어요. 그래서 서해안과 남해안의 해안선이 들쭉날쭉 복잡하고 섬이 많아진 것이랍니다.

우리나라에는 남·북한을 합쳐서 약 3,500여 개의 섬이 있는데 이 중 남해안과 서해안에만 2,000개가 넘는 섬이 집중되어 있어요. 세계적으로 손꼽히는 다도해 지역이지요. 전라남도 다도해 해상 국립공원과 전라남도

**빙기를 거치며 해안선이 달라졌어요**

여수와 경상남도 통영 사이의 한려 해상 국립공원은 섬과 바다가 어우러져 한 폭의 그림 같은 경관으로 유명해요. 이와 같은 복잡한 형태의 해안을 '톱날 모양'이라는 뜻인 에스파냐어를 붙여 '리아스 해안'이라고 해요.

또 서해안과 남해안은 넓은 갯벌이 분포하는 것으로도 아주 유명하지요. 갯벌은 조류에 의해 운반된 물질들이 해안에 퇴적되어 형성되는 지형이에요. 조류는 태양과 <u>달의 인력</u>●(引力)에 의해 발생하는 바닷물의 흐름을 뜻합니다. 갯벌은 썰물 때는 드러나고 밀물 때는 바다에 잠기는 공간으로 '간석지'라고도 불려요. 조차가 큰 서해안과 남해안은 조류에 의한

 ● 달의 인력: 인력이란 물체끼리 서로 끌어당기는 힘으로, 태양•지구•달의 위치에 따라 끌어당기는 힘이 달라지며 바닷물의 높이가 달라지게 됩니다.

**리아스 해안이 형성되는 과정**

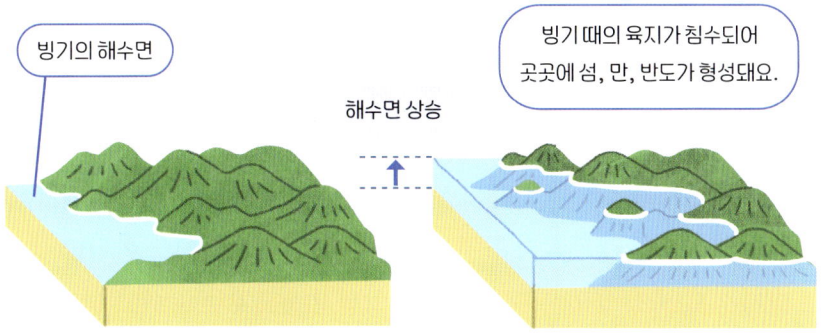

 최종 빙기가 끝나고 다시 기온이 오르면서, 해수면이 상승하였습니다. 이에 저지대와 골짜기가 바닷물로 차올라 복잡한 해안선과 많은 섬의 리아스 해안이 형성되었어요.

 퇴적작용이 활발하고 넓은 갯벌이 형성될 수 있는 완만한 경사와 복잡한 해안선이 분포하고 있어요. 특히 서해는 진흙 같은 퇴적물을 많이 공급해 주는 큰 하천들이 흘러드는 데다 세계적으로도 손꼽을 정도로 조차가 큰 곳이에요. 이런 조건 속에서 형성된 서해 갯벌은 세계 5대 갯벌 중 하나로 꼽힌답니다. 게다가 갯벌에는 게와 같은 갑각류, 갯지렁이, 여러 종류의 어류 등 다양한 생물들이 서식하고 있어요. 이 생물들이 갯벌에 굴을 만들고 살면서 땅속에 공기를 공급해 갯벌을 살아 숨 쉬게 해 주고 있죠. 이 과정에서 갯벌은 이산화탄소를 흡수하고 오염된 물도 정화해 주는 '바다

의 콩팥', '바다의 정수기' 역할을 톡톡히 하고 있어요. 또 다양한 갯벌 생물들은 새들의 먹이가 되어 멸종 위기종을 포함한 많은 새가 모여들 수 있게 해 주었죠. 이런 뛰어난 생태학적 가치를 인정받아 '한국의 갯벌'은 2021년 유네스코 세계자연유산에 등재되었어요. 우리의 갯벌이 전 인류가 함께 보호하고 미래 세대에게 물려줄 가치가 있는 인류 공동의 자산으로 인정받은 거예요.

나아가 갯벌은 생태학적 가치뿐만 아니라 경제적 가치도 뛰어난 것으로 알려져 있어요. 갯벌은 주로 어장과 양식장 등으로 이용되고 일조량이 큰 곳은 염전으로도 이용되지요. 이밖에도 갯벌 생태 관광산업, 이산화탄소 흡수 및 산소 공급 등을 합한 경제적 가치는 같은 면적의 농경지보다 월등히 높다고 평가되기도 해요. 그럼에도 불구하고 최근 100년 동안 간척°(干拓)이 이루어져 안타깝게 사라진 갯벌이 많아요. 그래서 지금부터라도 갯벌의 가치를 깨닫고 자연이 준 소중한 유산을 잘 보존할 수 있도록 더 노력해야 한답니다.

 ● 간척: 육지와 가까운 바다를 흙으로 메워 육지로 만드는 일을 말해요.

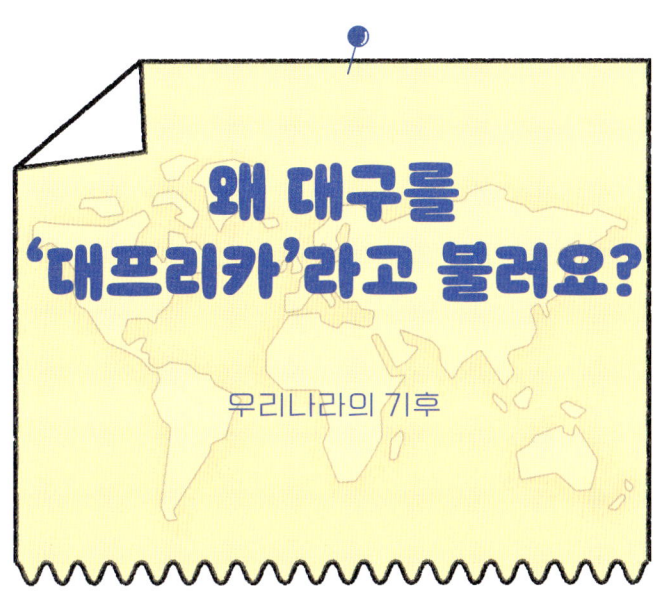

## 산이 많은 우리나라, 바람의 변신은 무죄

바람은 공기의 움직임을 뜻해요. 매일 일기예보에서는 기온과 강수뿐만 아니라 풍향과 풍속 정보를 알려 줘요. 풍향은 바람이 불어오는 방향이고, 풍속은 바람의 세기를 의미하지요. 주변 지역의 기압 차가 커서 공기의 움직임이 많은 날은 바람이 세게 불고, 적으면 바람이 약하게 불어요. 특히 우리나라는 국토 면적의 70% 이상이 산지 지형이기 때문에 풍향과 풍속에 따라 지역마다 날씨가 크게 달라질 수 있어요. 산이 많은 것과 바

## 푄 현상의 원리

올라가는 공기의 온도는 100m마다 0.5℃씩 내려가요.
내려가는 공기의 온도는 100m마다 1℃씩 올라가요.

람 그리고 날씨가 무슨 상관이냐고요?

　바람은 산을 타고 올라갈 때와 내려올 때 온도와 습도 변화가 일어나요. 바람 속 습한 공기는 산을 100m 오를 때마다 기온이 0.5~0.6℃씩 낮아지는 특성이 있어요. 그러다 대기의 온도가 낮아져서 수증기가 응결하면 비가 내리기도 해요. 반대로 정상을 넘어 반대 사면을 내려갈 때는 공기의 습도가 낮아서 100m마다 약 1℃씩 급격하게 온도가 올라간답니다.

　이렇게 차갑고 습한 바람이 산을 타고 올라갔다가 다시 반대 사면으로 내려갈 때 고온 건조한 성질로 바뀌는 현상을 '푄(Föhn) 현상'이라고 해요. 푄은 원래 스위스 남쪽 지방에서 알프스산맥을 넘어 불어오는 뜨거운 바람을 뜻해요. 하지만 알프스에만 국한되지 않고 산지 지형이 발달한 전 세계 어느 지역에서나 나타날 수 있어요.

산이 많은 우리나라에서도 계절에 따라 다양한 푄 현상이 나타나요. 푄 현상이 나타나면 불과 옆 지역임에도 불구하고 큰 날씨 차이를 경험할 수 있어요. 대표적인 예가 늦은 봄에서 초여름 사이에 태백산맥을 넘으며 부는 높새바람(북동풍을 뜻하는 우리말)이에요. 5~6월에 강원도 동해안 지역에서 높새바람이 불면 동해의 서늘하고 수분을 머금은 바람이 산맥을 오르면서 기온이 낮아져 비가 되어 내리죠. 그래서 초여름임에도 불구하고 20℃ 안팎으로 서늘한 날씨가 나타나요. 반면 수도권과 강원도 영서지방은 때 이른 더위를 경험하게 됩니다. 그런데 이 더위는 습도가 높은 한여름 더위와는 조금 다른 느낌의 더위예요. 푄 현상으로 인해 30℃ 내외의 높은 기온에도 불구하고 바람이 건조하기 때문에 그늘에서는 선선한 느낌이 드는 것이죠. 하지만 이 바람이 오랜 기간 불게 되면 농사에는 치명적일 수 있어요. 높새바람이 길어지면 가뭄이 발생하기에, 조상들이 바람의 방향이 바뀌길 바라는 제사를 올렸다는 기록도 있어요.

## 봄마다 되풀이되는 동해 산불 걱정

2022년 경북과 강원 동해안 일대를 초토화한 산불은 가장 오래 지속된 산

● 영서지방: 강원도 대관령 서쪽에 있는 지역을 뜻해요.

## 동해안 대형 산불과 양간지풍

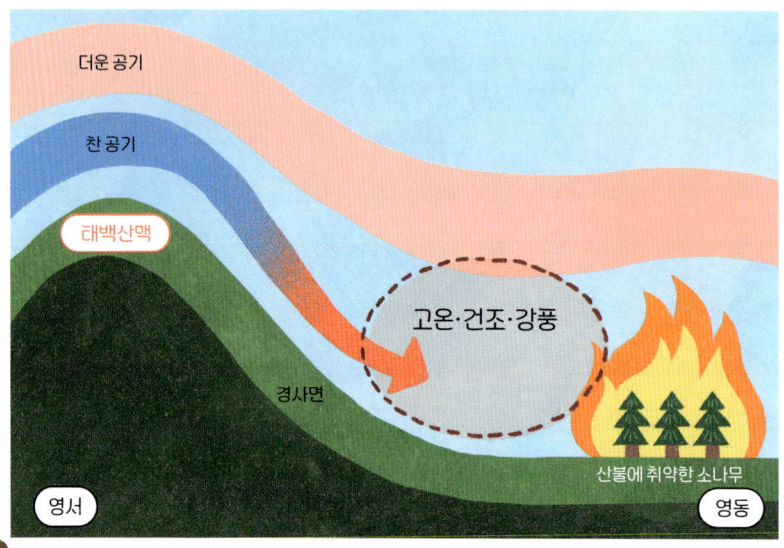

양간지풍은 봄철 동해안의 양양과 간성(고성)지방에 잘 나타나는 고온건조한 강풍으로, 봄철 대형 산불이 확산하는 원인이 돼요.

불과 최대 피해 규모라는 상처를 남겼어요. 산불의 시작은 인재(人災)라고 하지만, 이렇게 오랜 시간 진화가 어려웠던 주요 원인 중 하나가 바로 '양간지풍'입니다.

양간지풍은 강원도 양양에서 고성·간성 사이와 양양에서 강릉 사이에서 불어 '양간지풍' 또는 '양강지풍'이라고 불러요. 주로 봄철 동해안에 부는 바람으로 예부터 '불을 몰고 온다.'고 해서 '화풍(火風)'이라고도 불러왔대요.

　살랑살랑 부는 모습이 떠오르는 봄바람과 달리 양간지풍의 특성은 '강한 바람'과 '고온 건조'예요. 바로 앞에서 이야기한 푄 현상이 떠오르죠? 높새바람처럼 양간지풍도 한반도 주변의 기압 배치와 태백산맥 때문에 발생해요. 하지만 동풍 계열인 높새바람과 반대로 이번에는 봄철의 강한 서풍이 원인이 됩니다. 이 서풍이 산맥을 넘는 과정에서 푄 현상이 발생해 고온 건조한 바람으로 바뀌는 것이죠. 게다가 바람이 태백산맥을 넘어 동쪽의 가파른 경사를 타고 내려오다 보니 풍속이 태풍만큼이나 강해집니다. 양간지풍은 초속 10~40m까지도 부는데, 초속 20m 이상의 강풍은 사람이 가만히 서 있기 어렵고, 우산을 펴면 완전히 망가질 정도의 세기라고 해요.

　그래서 산불이 났을 때 양간지풍이 불면 불난 집에 부채질하는 격으로 산불이 번지기 좋은 조건이 형성되죠. 게다가 바람이 강하다 보니 진화헬기 활동이 힘들어지고 산불 진화대가 접근하기 어려워 피해가 급속히 확산되어 피해가 커지는 거예요. 매년 봄마다 반복되는 양간지풍을 막을 수는 없으니, 늘 산불이 나지 않도록 우리가 노력해야 할 것 같아요.

### 푄 현상으로 '대프리카'가 된 대구

혹시 대구를 '대프리카'라고 부르는 것을 들어 본 적이 있지 않나요? 대구가 아프리카만큼 덥다는 것을 표현하고자 만들어 낸 별명이에요.

**아프리카 주요 도시와 대구의 연중 최고기온 비교**

지도에 표시된 지역들과 비교해 대구는 고위도에 위치하지만 주변이 산으로 둘러싸인 분지 지형이라 다른 지역보다 여름 기온이 높게 나타납니다.

　대구는 왜 더운 지역의 대명사가 되었을까요? 우리나라의 가장 남쪽에 위치한 지역도 아닌데 말이죠. 대구의 여름이 유독 더운 이유는 바로 대구 주변이 산으로 둘러싸여 있기 때문이에요. 대구 주변은 북쪽으로는 팔공산, 남쪽은 비슬산, 동쪽은 태백산맥, 서쪽은 소백산맥이 위치하고 있어요. 정말 커다란 벽들이 대구라는 도시를 병풍처럼 둘러싸고 있는 것이죠. 해발고도가 더 높은 지형으로 둘러싸인 평지를 분지 지형이라고 하는데요. 대구가 바로 분지 지형에 해당하는 곳이랍니다.

　대구는 주변이 산으로 둘러싸여 있다 보니 사방에서 푄 현상이 일어날 수 있습니다. 안 그래도 더운 여름 바람이 산을 넘어 대구로 불어 들면서 더 더운 바람이 됩니다. 게다가 이런 분지 지형은 한 번 들어온 더운 공기가 잘 빠져나가지 못해 찜통더위가 되는 특성이 있어요. 상상만 해도 몸에서 땀이 나는 느낌이에요.

　우리나라는 국토 면적에 비해 산지 비중이 높은 나라예요. 그래서 계절마다 부는 바람에 따라 다양한 푄 현상을 관측할 수 있답니다.

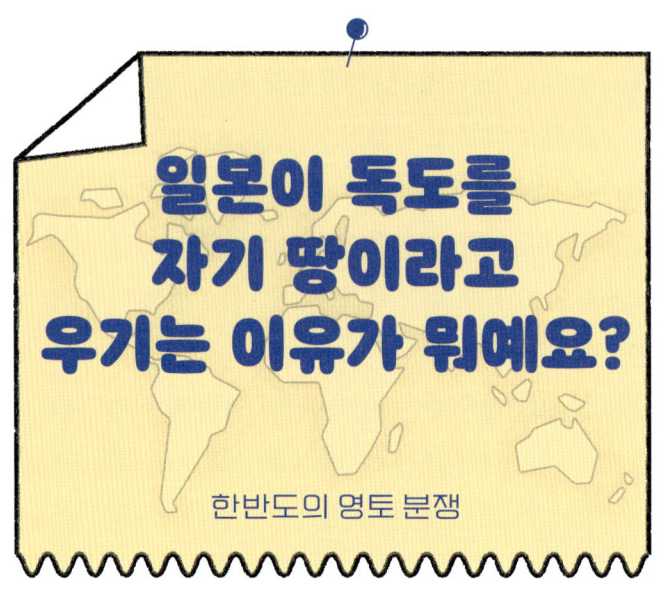

한반도의 영토 분쟁

### 독도가 대한민국 땅인 이유

"울릉도 동남쪽 뱃길 따라 200리~ 외로운 섬 하나 새들의 고향~ 그 누가 아무리 자기네 땅이라 우겨도 독도는 우리 땅, 우리 땅!"

    대한민국 국민이라면 애국가 다음으로 가장 잘 알고 있을 노래가 바로 〈독도는 우리땅〉일 겁니다. 하지만 왜 독도가 대한민국의 땅이냐고 물었을 때 논리적으로 대답할 수 있는 사람은 많지 않을 거예요. 여러분이 살고 있는 집이 왜 여러분의 집이냐고 물었을 때 대답하기 곤란한 것처럼 말이지요. 지금부터 자세하게 설명해 볼게요.

하나의 영토가 누구의 땅인지 입증할 수 있는 증거는 총 네 가지를 들 수 있어요. 역사적 증거, 국제법적 증거, 지리적 증거 그리고 실효적 지배 증거가 바로 그것입니다. 그럼 지금부터 이 네 가지 증거를 토대로 왜 독도가 우리 땅인지 한번 알아볼게요.

## ① 역사적 증거

역사적 증거란 역사적으로 어느 나라에 소속되어 지배받아 왔는지를 나타내는 증거들이에요. 주로 과거에 만들어진 고문헌과 고지도에 잘 표현되어 있는데요. 먼저 저 멀리 삼국시대부터 가 보도록 해요.

신라의 17번째 임금인 내물왕의 4대손이자 김유신과 함께 신라에서 가장 유명한 장군으로 알려진 이사부 장군이 독도의 역사적 증거를 남겨 준 첫 번째 인물이랍니다. 이사부 장군은 지증왕 13년인 612년, 군주의 자격으로 우산국(삼국시대 울릉도에 있던 나라)을 정복하여 지금의 독도를 신라의 영토로 복속시킵니다. 이 독도 정복에 대한 일화는 김부식의 《삼국사기》에 아주 잘 나와 있는데요. 《삼국사기》를 살펴보면 "이사부는 아슬라주(현 강원도 강릉)의 군주가 되어 우산국(현 울릉도, 독도)의 병합을 계획하고 있었다. 그곳의 사람들이 어리석고 사나워 위력으로는 항복받기 어려울 것 같아 이사부는 꾀를 써……(중략) 그러자 우산국에 있던 사람들이 두려워서 항복했다고 전해진다."라고 기록되어 있죠.

즉 삼국시대부터 이미 우리 조상들은 독도의 존재를 인식하고 있었고

**《세종실록지리지》에 기록된 우리 땅 독도**

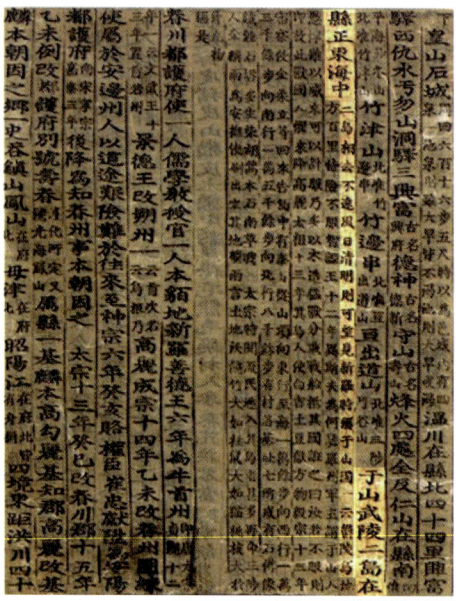

'날씨가 맑은 날에는 울릉도에서 독도가 보인다.'는 내용이 《세종실록지리지》에 기록된 것으로 보아, 우리나라가 옛날부터 독도를 우리 영토로 생각하고 통치했다는 사실을 알 수 있어요.

실제로 독도를 지배하고 있었다는 증거랍니다. 조선시대로 넘어오면 역사적 증거가 더 뚜렷하게 나타납니다. 세종의 명으로 만들어진 《세종실록지리지》를 보면 '우산(독도) 무릉(울릉도)…… (중략) 두 섬은 서로 멀리 떨어져 있지 않아 날씨가 맑으면 바라볼 수 있다.'라고 기록하고 있는데,

울릉도에서 날씨가 맑은 날 유일하게 사람의 눈으로 볼 수 있는 섬이 독도랍니다.

또한 숙종 때의 기록인 《숙종실록》에는 2년 간격으로 독도로 사람을 보내 그곳을 지키도록 명령했다는 기록도 남아 있답니다. 그 이후에도 성종 때 《신증동국여지승람》이 완성되었는데 당시 김종직이라는 사람이 독도에 대해 매우 구체적이고 상세한 내용을 문서에 담기도 했습니다.

## ② 국제법적 증거

영토 입증을 위한 두 번째 증거로 국제법적 증거가 있어요. 이는 영토 소속이 국제법적으로 인정을 받았는지를 나타내는 증거인데요. 근현대사로 돌아가 보면 1900년 대한제국은 칙령 제41호를 발표함으로써 조선이 독도의 영유권을 가지고 있다고 국제적으로 공표했어요. 하지만 1904년 이래 일본이 만주와 한반도를 차지하기 위해 러시아와 전쟁을 벌이면서, 동해에서 전쟁을 일으켜야겠다는 마음을 먹게 된답니다. 그 결과 1905년 독도를 일본의 땅, 즉 시마네현에 편입시킵니다. 하지만 시마네현 고시 제40호는 일본이 우리나라 국권을 단계적으로 침탈하는 과정의 일환이었고, 우리나라가 오랜 기간에 걸쳐 지켜 온 영유권에 대한 불법적 침해 행위이므로 국제법적으로 효력을 가질 수 없어요. 거기다 1946년 1월 연합국 최고사령부는 '일본의 정의'를 발표하며 독도를 일본 영토에서 제외시키기도 했죠. 같은 해 6월에는 연합국 최고사령부에서 각서 제1033호

● 편입: 이미 짜인 곳에 끼어 들어가는 것을 말해요.

를 발표하며 일본의 선박 및 국민이 독도 또는 독도 주변 12해리(海里) 이내에 접근하는 것을 금지하기도 했어요. 당시 제2차 세계대전의 패전국이었던 일본이 연합국이 결정한 이 사항을 수정하려면 다른 지령이나 공포가 있어야 한다고 규정되어 있습니다. 그러나 그 이후 어떤 지령이나 협정이 없었으므로 독도는 대한민국의 소유라는 것이 국제법적으로도 명확한 사실이랍니다.

### ③ 지리적 증거

영토 입증을 위한 세 번째 증거는 바로 지리적 증거입니다. 본토에서 지리적으로 얼마나 가까이 위치하는지를 바탕으로 주장할 수 있는 증거예요. 먼저 독도는 울릉도에서 87km 떨어진 위치에 있습니다. 독도에서 가장 가까운 일본의 오키 제도는 무려 158km나 떨어져 있어 약 2배 가까운 거리 차이를 보이지요.

이러한 거리 때문에 울릉도에서는 날씨가 좋은 날 독도가 두 눈으로 훤히 보이지만 일본에서는 아무리 애를 써도 독도를 볼 수 없다고 하네요. 단순히 눈으로 볼 수 있는지 없는지를 떠나 지리적으로 얼마나 더 가까이 붙어 있는지는 결정적인 증거가 될 수 있답니다.

● 해리: 바다 위나 공중의 긴 거리를 나타내는 거리의 단위예요. 1해리는 1,852m랍니다.

**독도가 우리 땅인 지리적인 이유**

 울릉도에서 독도까지는 87.4km가 떨어져 있지만, 독도에서 일본의 오키섬까지는 무려 157.7km나 떨어져 있어요.

## ④ 실효적 지배 증거

영토 입증을 위한 마지막 증거로 실효적 지배 증거가 있습니다. 실효적 지배 증거란 현재 누가 그 땅을 실제로 지배하고 있는지가 영토 입증의 중요한 증거로 작용한다는 뜻인데요. 우리나라는 현재 입법·행정·사법적으로 확고한 영토주권을 행사하고 있습니다. 우선 경찰이 상주하면서 독도를 경비하고 있지요. 또 우리 군이 독도의 하늘과 바다를 수호하고 있고, 독도와 관련해 각종 법령을 시행하고 있습니다. 더불어 등대 등 여러 가지 시설물을 독도에 직접 설치하고 운영하고 있으며, 마지막으로 우리 국민이 독도에 거주하고 있습니다. 누가 보아도 독도는 땅의 주인이 관리하고 생활한다고 있다는 증거랍니다.

## 절대 빼앗겨서는 안 되는 잠재력 넘치는 독도

이처럼 영토 소유권의 결정적인 역할을 하는 총 네 가지의 증거를 살펴보면 독도가 우리 땅이 아니라는 근거는 단 하나도 발견할 수 없어요. 심지어 독도의 소유권을 주장하는 일본이 가지고 있는 증거에도 명백하게 독도는 우리 땅으로 나온답니다. 막부의 명에 따라 제작된 에도시대의 대표적 지도인 〈대일본연해여지전도(1821)〉를 비롯한 일본의 오래된 지도에는 독도에 대한 표현을 전혀 찾아볼 수 없어요.

이러한 사실은 독도를 자신의 영토로 보지 않았던 일본 정부의 인식이 그대로 반영되었다고 볼 수 있지요. 심지어 〈개정일본여지로정전도(1779)〉는 '일본의 서북쪽 경계의 한계는 오키섬'이라고 표현하고 있답니다. 그 정도로 독도는 일본 영토와의 관련성이 전혀 없어요.

일본은 제2차 세계대전 후 처리를 위해 연합국 48개국과 샌프란시스코 강화 조약(1951)을 맺으며 한국에 대한 권리를 포기하겠다고 선언합니다. 그러나 당시 조약에 독도를 따로 명시하지 않았다는 이유로, 독도를 아직 포기하지 않은 자신의 땅이라고 주장하고 있답니다. 일본이 이렇게까지 독도에 집착하는 이유가 따로 있어요. 독도를 가지면 주변의 바다와 그 바다에 매장된 천연자원까지 모두 가질 수 있기 때문이에요. 독도 주변은 차가운 한류와 따뜻한 난류가 만나 다양한 어류가 사는 세계적으로 유명한 어장이에요. 뿐만 아니라 독도 주변에는 미래의 중요한 에너지 자원으로 알려진 가스 하이드레이트가 많이 매장되어 있답니다. 상대적으로 자원이 부족한 일본의 입장에서는 독도가 단순히 영토의 소유를 넘어 자신들의 미래 생존이 달려 있는 문제라고 인식하고 있는 거죠. 하지만 미래의 생존은 자신들이 가지고 있는 능력을 바탕으로 정의롭고 공정하게 쟁취해야 해요. 남이 가진 것을 빼앗으며 살아남는 일이 일어나서는 안 되겠지요.

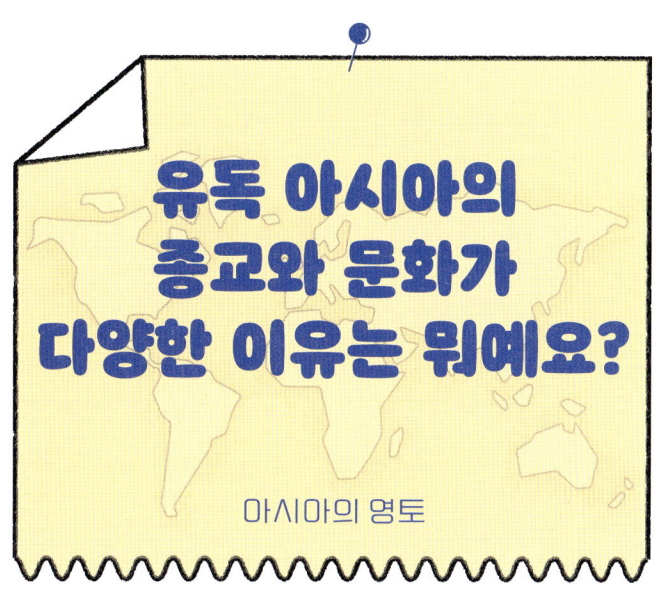

유독 아시아의
종교와 문화가
다양한 이유는 뭐예요?

아시아의 영토

### 대륙별로 나타나는 고유한 특징

대한민국에는 어른을 공경하는 유교 문화가 있습니다. 한글을 쓰고 김치를 즐겨 먹는 문화도 있지요. 일본은 우리와 마찬가지로 유교 문화권이지만, 우리와 언어가 다르고 4면이 바다로 둘러싸인 탓에 해산물을 즐겨 먹습니다. 미국인들은 동양의 나라들보다 많은 부분에서 자유를 중시하고 영어를 쓰는 등의 특징을 가지고 있죠. 이렇게 한 나라에는 그 나라 사람들이 공통으로 가지고 있는 뚜렷한 생활양식이 존재합니다. 주변 나라와 확연히 구분할 수 있는 고유한 정체성 말이지요.

조금 더 넓은 범위에서 바라보면 대륙별로도 고유한 특징이 나타납니다. 대륙에 따라 제각기 독특한 삶의 양식과 문화들이 존재하거든요. 북아메리카에 사는 사람들은 대부분 영어를 쓰고 자유를 중시하죠. 남아메리카에 사는 사람들은 포르투갈어와 스페인어를 주로 쓰고 가톨릭을 종교로 가진 사람들이 많아요. 유럽은 영역별로 조금씩 차이가 있기는 하지만 대부분의 사람이 밀을 주식으로 삼고 육식 문화가 발달했어요. 또한 기독교와 가톨릭, 러시아정교 등 크리스트교를 믿는 사람들의 비율이 상당히 높죠. 아프리카는 식민 지배의 영향을 받아 앞서 말한 대륙과는 보다 이질적이고 다양한 색깔을 가지고 있어요. 그러나 공통적으로 그들만의 원주민 역사를 기반으로 한 삶의 방식이 뿌리 깊게 박혀 있지요. 오세아니아는 원주민의 문화와 정복자인 유럽의 문화가 골고루 섞여 있는 곳이에요. 이렇게 완벽하진 않지만 공통된 생활양식과 문화로 우리는 대륙별 특징을 어느 정도 설명할 수 있어요.

하지만 아시아는 다른 대륙과 비교했을 때 아시아만의 뚜렷한 특징을 말하기가 어려운 복잡한 문화구조를 가지고 있습니다. 왜 다른 대륙에 비해 유독 아시아는 이렇게 복잡한 구조를 가지게 되었을까요? 다른 대륙에 비해 땅이 커서일까요? 아니면 다른 대륙에 비해 인구가 많아서일까요? 먼저 아시아의 이런 독특한 특징은 자연적 요인에서 찾아볼 수 있답니다.

● 고유한 정체성: 고유하다는 것은 본래부터 가지고 있어 특유한 것을 뜻하고, 정체성이란 어떤 존재의 변하지 않는 성질을 뜻해요. 고유한 정체성이란 본래부터 가지고 있는 특별하고 변하지 않는 성질을 말한답니다.

## 아시아의 다양한 지리적 특징

아시아는 다른 대륙에 비해 상당히 다양한 기후 조건을 보여요. 일 년 내내 무더운 열대기후가 나타나는가 하면 비가 내리는 것을 축복처럼 여기는 건조기후도 존재하죠. 사계절이 있어 여름엔 무덥고 겨울엔 추운 온대기후가 나타나는 지역도 있고 상대적으로 긴 겨울을 가지고 있는 냉대기후가 나타나기도 한답니다. 세계의 기후를 크게 열대, 건조, 온대, 냉대, 한대라는 다섯 가지 기후로 분류하는데 그중 한대기후를 제외한 모든 기후가 아시아에 나타나요.

오래전 자연환경에 의해 삶의 방식이 결정되던 시기에 열대기후에 사는 동남아시아 사람들은 일 년 내내 무덥고 비가 많이 오는 날씨를 이용해 벼농사를 지을 수 있었죠. 심지어 같은 땅에서 일 년에 두 번이나 벼농사를 지을 수 있어 많은 인구를 먹여 살릴 수 있었답니다. 아시아에 유독 인구가 많은 나라가 여럿 존재하는 이유가 바로 이런 기후적 환경 때문이에요. 베트남 하면 쌀국수가 떠오르고 태국 하면 팟타이가 떠오르는 이유도 바로 풍부한 쌀 덕분이죠. 너무 덥고 습한 날씨 때문에 음식이 잘 상할 수 있어 이를 방지하기 위해 많은 향신료를 사용하는 것도 특징이에요. 그래서 동남아시아를 여행할 때 처음 맡아 보는 다양한 향 때문에 고생하는 사람도 종종 있답니다.

무덥고 비가 많이 오는 특징은 독특한 음식 문화와 함께 독특한 주거 문화를 발달시켰어요. 다름 아닌 지붕의 경사가 아주 급하다는 건데요. 한 번 비가 내릴 때 무서울 정도로 쏟아지기 때문에 지붕의 경사가 완만

아시아의 기후와 문화

중국 북부와 몽골

동북아시아

서남아시아

동남아시아

● 열대 기후    ● 건조 기후    ● 온대 기후    ● 냉대 기후    ● 한대 기후

알면 똑똑해지리

아시아는 한대기후를 제외한 모든 기후가 나타나는 대륙이에요. 따라서 다양한 기후에 따른 다양한 문화적 특성이 나타나는 곳이랍니다.

하면 물의 무게를 이겨내지 못하고 지붕이 무너지거나 집이 무너져 내릴 수 있어요. 이러한 현상을 방지하기 위해 지붕의 경사를 급하게 해서 비가 내리자마자 바닥으로 떨어질 수 있도록 만들었답니다. 물론 그렇게 떨어진 빗물에 집이 잠기지 않도록 땅에서 높이 띄워 놓은 것도 특징이죠.

　동북아시아 온대기후 지역에서는 비교적 온화한 기후를 바탕으로 더운 여름과 추운 겨울을 모두 이겨 낼 수 있는 그들만의 다양한 의·식·주 문화를 만들어 냈어요. 한국과 중국 그리고 일본은 그 어떤 대륙보다 오래된 문화의 중심지이죠. 특히 중국은 세계에서 가장 오래된 문명국으로 꼽히는데, 사계절 변화가 뚜렷한 환경에서 문화가 발달했기 때문에 화려한 문명을 꽃피울 수 있었죠. 핑크빛으로 벚꽃이 물드는 봄과 온통 푸르른 나무와 바다가 반기는 여름, 그리고 물감을 풀어 놓은 듯 붉고 노란 단풍의 계절 가을과 흰 눈이 고즈넉하게 쌓여 장관을 이루는 겨울까지! 이렇게 계절마다 변하는 자연환경만큼 우리의 의복도 다양해졌어요. 옷장에 걸린 반팔 티셔츠와 롱패딩이 온대기후의 모든 것을 설명해 주죠.

　서남아시아로 가면 매우 건조한 기후가 나타나요. 일 년 내내 비가 거의 오지 않아 푸른색의 나무보다 황토색의 모래만 잔뜩 쌓여 있는 모습을 볼 수 있어요. 이러한 척박한 환경에서도 먹고 살아야 하는 서남아시아 사람들은 양이나 염소를 이리저리 끌고 다니면서 유목을 하거나 오아시스 주변에서 밀이나 대추야자 농사를 지으며 그들만의 문화를 만들어 왔어요. 특히 이곳에서는 집 사이 간격이 좁아 사람 한 명이 지나가기도 어려운 골목을 발견할 수 있는데요. 좁은 건물 사이에 생긴 그늘 덕분에 내리쬐는 무더운 태양을 피해 걸어다닐 수 있어요. 그야말로 삶의 지혜가

돋보이는 부분이에요. 또 비가 적게 내리는 이곳에서는 한 방울의 비도 매우 소중한 자원이에요. 따라서 지붕을 평평하게 지어 빗물도 모을 수 있답니다.

　냉대기후가 나타나는 중국 북부지역과 몽골 지역은 식물이 자라기에 좋은 환경이 아니에요. 그래서 대부분의 사람이 육류를 섭취하며 살아가지요. 따라서 이 지역에서는 육류를 냉동하거나 건조하는 보관 방식이 발달했습니다. 아울러 우리나라에서도 흔히 볼 수 있는 잎이 뾰족한 소나무 등의 나무가 아주 넓게 분포하는데요. 이 나무를 이용해 종이와 휴지를 만들기도 하고, 나무 줄기로 통나무집을 만들기도 했답니다.

　동서로 그리고 남북으로 아주 넓은 면적을 차지하고 있는 아시아는 세계에서 가장 다양한 기후가 나타나는 대륙이에요. 덕분에 그보다 더 다양한 집들과 음식, 그리고 예술을 발달시킬 수 있었죠. 이처럼 무지개보다 더 다양하고 화려한 아시아의 자연환경은 사람들의 삶을 다양하게 만들었을 뿐만 아니라 기독교와 가톨릭 그리고 이슬람과 불교라는 세계적인 종교를 탄생시키기도 했어요. 인류의 역사에 아시아가 기여한 바는 놀라울 정도로 많답니다.

## 아시아를 관통하는 다양한 태풍들

찌는 듯한 무더위에 에어컨 앞에 앉아 "올여름은 왜 이렇게 더운 거지?"라고 푸념을 늘어놓는 모습은 매년 반복되는 일상이죠. 일기예보에서 태풍이 온다는 소식을 들으면 비바람에 피해를 입지 않을까 걱정이 되기도 하지만 한편으론 '이 여름이 곧 끝이 나겠구나.' 하며 안도의 한숨을 내쉬기도 합니다. 이렇듯 자연은 우리에게 늘 좋은 것과 이겨내야 할 것을 동시에 선사해요.

우리나라에 큰 영향을 끼치는 태풍은 사실 우리나라에서 만들어진 것이 아니에요. 태풍은 남쪽의 더운 바다 위에서 탄생해서 북쪽으로 이동한답니다. 그러다 위도 30° 부근에 다다르면 서쪽으로 부는 바람인 편서풍을 타고 서쪽에서 동쪽으로 방향을 바꿉니다. 그래서 우리나라에 영향을 끼치는 태풍은 마치 서쪽 바다에서 다가오는 것 같은 착시를 일으키기도 하죠. 태풍의 공식적인 명칭은 열대 저기압이에요. 태풍(Typhoon)은 그저 태평양의 남서부 지역에서 발생해 우리나라 인근의 아시아에 영향을 끼치는 것만을 뜻하죠. 똑같은 원리로 만들어진 열대 저기압이 인도양에서 발생하면 사이클론(Cyclone), 미국 중남부에서 발생하면 허리케인(Hurricane)이라고 불러요.

이 열대 저기압은 세계기상기구에서 정해 준 기준을 충족해야만 명칭을 얻을 수 있습니다. 최대 풍속 17m/s● 이상의 강한 바람과 비를 동반해야 한다는 것이 바로 그 기준이에요. 우선 열대 저기압은 뜨거운 바다 위에서 잘 만들어져요. 그래서 해수면의 온도가 27℃ 이상 올라가는 적도 주변의 열대 바다에서 잘 만들어집니다. 처음에 적도 주변 바닷가에서 데워진 공기가 상승하면 작은 소용돌이를 만들며 비를 내립니다. 우리나라에도 이렇게 내리는 비를 여름철 소나기라고 부르는데요. 열대 지역에서는 이런 비를 스콜(squall)이라고 합니다. 이러한 소용돌이가 많이 생기고 한곳에 모이면 그 크기와 강도가 커져 열대 저기압의 시작을 알리게 됩니다. 스콜이 내리면서 동시에 많은 열이 방출되는데 이 열은 다시 공기가 위로 올라가도록 힘을 불어넣어 주어 더 큰 소용돌이를 만들어 내고 결국

 ● m/s: m/s(미터 매 초)는 속도를 나타내는 단위로, 1초(s)에 몇 미터(m)만큼을 이동했는지를 나타내요.

## 열대 저기압의 다양한 이름

최대 풍속 17m/s 이상의 강한 바람과 비를 동반하는 열대 저기압에만 이름이 붙는답니다.

이것이 열대 저기압으로 바뀌는 거죠. 이렇게 만들어진 열대 저기압은 무더운 열대 지역과 습기가 많은 바다 위를 지나가면서 더 위협적인 상태로 세력을 키우며 극지방으로 향합니다. 그러나 위쪽으로 올라갈수록 기온이 낮아지고 육지를 만나면 수증기의 공급이 줄어들어 점차 열대 저기압의 힘이 약해지다 결국은 완전히 소멸하게 되죠. 우리나라에 영향을 주는 태풍도 마찬가지예요. 강한 비바람을 몰고 오다가 육지에 도착하는 순간부터 그 힘이 약해져 점차 소멸하지요. 아마 이런 상황을 여러분도 종종 겪어 보았을 거예요.

　열대 저기압은 우리에게 홍수와 바람의 피해를 동시에 가져다준다는 점에서 아주 무서운 존재이지만 사실 열대 저기압을 간절히 기다리는 사람들도 있어요. 여름철 장마가 짧아 유난히 물이 부족한 해에는 오히려 열대 저기압이 내려주는 비가 물 부족 현상을 해소시키기도 한답니다. 또 열대 저기압은 남쪽의 뜨거운 공기를 소용돌이에 담아 북쪽의 추운 지역으로 이동시키면서 지구 전체의 열 균형을 맞추기도 해요. 우리 몸이 하체만 뜨겁고 상체가 차갑다면 건강에 이상이 생기겠죠? 열대 저기압은 지구가 이렇게 문제가 생기기 전에 열 균형을 맞추어 주는 역할도 한답니다.

## 태풍의 이름이 만들어지는 과정과 사라지는 과정

태풍에 이름을 붙이기 시작한 것은 1953년으로 거슬러 올라가요. 이때부터 오스트레일리아에서는 태풍이 발생하는 순서대로 이름을 붙여 불렀는데, 처음에는 인기 없는 정치인의 이름을 붙이기도 했대요. 이와 비슷하게 괌에 위치한 미국 태풍합동경보센터에서도 태풍에 이름을 붙여 사용하기 시작했고, 1999년까지는 미국 태풍합동경보센터에서 정한 이름을 사용했어요. 하지만 아시아의 열대 저기압 영향을 받는 여러 국가에서 국민에게 열대 저기압의 위험성을 알리고 관심을 높이기 위해서는 서양식 이름이 아닌 발생지에 친숙한 이름을 써야 한다는 의견이 대두되기 시작했어요. 결국 태풍의 영향을 받는 14개 국가에서 제시한 이름을 사용하자고 약속했답니다. 각 국가별로 10개씩 이름을 제출하면 총 140개의 태풍의 이름이 만들어지는데, 이를 다시 5개씩 28조로 편성하여 태풍이 발생하는 순서대로 이름을 붙여주고 있답니다. 보통 1년에 태풍 30여 개가 발생하므로 140개의 태풍 이름을 모두 사용하려면 평균적으로 4~5년 정도가 걸린다고 하네요.

  2000년부터 각 국가에서 제출한 태풍의 이름이 쓰이기 시작했는데 한반도의 경우 대한민국이 10개, 북한이 10개, 총 스무 개를 제출해 순서대로 이름 붙이고 있답니다. 개미, 나리, 장미, 미리내, 노루, 제비, 너구리, 고니, 메기, 독수리가 대한민국에서 제출한 이름이고 기러기, 도라지, 갈매기, 수리개, 메아리, 종다리, 버들, 노을, 민들레, 날개가 북한에서 제출한 이름이에요. 우리나라는 북한과 함께 이름을 제출하기 때문에 140개 중 스무 개나 낯익은 이름을 갖게 된 거죠. 그 밖에도 태풍의 영향을 받는 중국, 일본, 태국, 캄보디아, 라오스, 홍콩, 마카오, 말레이시아, 베트남, 필리핀, 미국, 미크로네시아 등 동남아시아와 동북아시아 국가들이 제출한 고유 명사가 현재까지 쓰이고 있답니다.

  여기에 또 다른 규칙이 있어요. 바로 큰 피해를 끼친 태풍의 이름은 폐기한다는 거예요. 같은 이름을 쓰면 또 큰 피해를 가져온다는 생각에 다른 이름으로 교체하는 거랍니다. 2005년 우리나라는 물론 일본에서 약 20여 명의 인명 피해와 막대한 재산 피해를 안긴 '나비'는 일본의 요청에 따라 2007년부터 그 이름이 폐기되었어요. 우리나라가 제출했던 '나비'는 결국 2006년 11월 필리핀에서 개최된 제39차 태풍위원회 총회에서 '독수

● 폐기: 못 쓰게 된 것을 버린다는 뜻이에요.

리'로 변경되었죠. 뿐만 아니라 우리나라가 제출한 수달(2004년)과 북한이 제출한 봉선화(2002년), 매미(2003년)가 같은 이유로 폐기되고 새로운 이름으로 교체되었답니다.

    우리가 무서운 자연 앞에 순하고 아름다운 이름을 붙이는 건 두려움을 줄이는 한편 태풍이 무사히 지나게 해 달라는 뜻이 담겨 있을 거예요. 앞으로도 자연과 우리가 함께할 순간이 길어지도록 더 사랑하고 아껴야겠죠?

## 비슷한 듯 다른 아시아 국가들의 새해맞이 모습

새로운 한 해의 시작은 지구상 어떤 나라, 어떤 민족에게나 뜻깊습니다. 우리나라도 새해의 첫날 설 명절에는 어른들께 세배를 드리고 가족들과 떡국을 먹으며 한 살 더 먹는 일을 기념하지요.

우리가 잘 알고 있는 '구정(舊正)'이라는 말의 '정(正)'은 정월 초하루 즉, 새해의 시작을 의미합니다. 신정과 구정이 있다는 것은 표현 그대로 우리나라에 두 번의 새해가 있다는 것이겠지요? 새해가 두 번이라 휴일도 두 번이니 좋지 않냐고요? 사실, 두 번의 새해는 일제강점기라는 우리 아픈 역사의 흔적이랍니다.

일본은 1873년, 동아시아에서 가장 먼저 태양력을 기준 달력으로 채택한 나라예요. 태양력이란 달이 기준인 태음력과 달리 지구가 태양의 둘레를 한 바퀴 도는 데 걸리는 시간을 1년으로 정한 역법●이에요. 현재는 우리도 이 달력을 주로 사용하지요. 일제강점기 때 일본은 태양력을 기준으로 매년 1월 1일을 새해 명절로 정하고 있었기에, 우리의 명절인 설날을 깎아내리려고 했어요. 그래서 일본은 음력 1월 1일에 '옛 구(舊)' 자를 붙여 구정이라고 칭하고, 양력 1월 1일을 새로운 설날이라는 뜻으로 신정으로 부르게 했지요. 또 새해를 두 번 보내는 것은 낭비이니 음력설을 금하고 양력설만을 지내야 한다고 강요했어요. 이렇게 우리 고유의 설날은 일본에 의해 전통 명절로서의 지위를 빼앗겼지요. 음력설은 광복 후에도 그 지위가 회복되지 못하다가 1985년이 되어서야 '민속의 날'이라는 명칭으로 다시 공휴일화 됐고, 1989년에 '설날'로 완전히 복원될 수 있었어요.

그렇다면 우리 주변 국가들의 새해는 어떨까요? 중국은 우리나라와 같이 음력 1월 1일에 새해맞이 행사를 하는데 이를 '춘절(春節)'이라고 해요. 춘절은 음력 1월 1일 당일 전후로 2~3주의 긴 연휴를 가지기도 할 만큼 중국 문화권의 최대 명절이자 봄맞이 축제예요. 춘절에는 우리 설날처럼 가족, 친지가 한데 모여 만두, 딤섬, 두부 요리 등 명절 음식을 만들어 먹지요. 또 춘절 자정에는 전국에서 불운을 쫓고 행운을 기원하는 대규모 폭죽놀이가 벌어지기도 한답니다.

 ● 역법: 천체가 주기적으로 움직이는 현상을 기준으로 새해의 처음을 정하는 방법을 말해요.

베트남에도 중국과 비슷한 새해맞이 풍습이 있어요. 베트남 역시 음력설을 전통적인 새해 명절로 지내는 국가예요. 연휴 동안 민족 대이동이 일어나고 대규모 폭죽놀이를 하는 것이 중국과 많이 닮아 있어요. 또 가족, 친지와 음식을 나눠 먹고 친구들과 어울리며 시간을 보내는 것도 비슷하지요.

이렇듯 아시아에서는 우리나라, 중국, 베트남, 몽골 등 음력 1월 1일이 여전히 전통 새해인 국가들이 많아 보이지만, 일본처럼 양력 1월 1일이 새해 명절인 국가도 있지요. 게다가 새해에 대한 기준이 전혀 다른 나라도 많이 있어요. 우리나라를 기준으로 생각했을 때는 의아하게 여겨질 수 있지만 그 나라의 역사와 종교, 기후와 같은 자연환경을 이해하다 보면 고개가 절로 끄덕여질 거예요.

## 물벼락도 고마워하는 태국의 새해

태국은 1월 1일이 아닌 4월 13~15일 무렵에 새해를 맞아요. 바로 태국력이라는 그들만의 달력을 기준으로 한 것이지요. 태국의 새해는 '송크란'이라고 불리는데 태국에서 가장 규모가 크고 중요한 축제이자 '물의 축제'로 전 세계적으로 알려져 있어요. 태국의 새해가 4월이 된 것은 고대 인도에서 시작된 불교문화의 영향도 있어요. 당시 고대 인도에서는 태양력을 기준으로 태양이 양자리에 들어가는 4월을 새해로 삼았어요. 그 문화가 11세기에 미얀마를 거쳐 태국으로 전해졌고 13세기에는 송크란이 태국 전역으로 퍼져 나갔어요. 지금도 국민의 90%가 불교를 믿는 대표적

송크란 축제를 즐기는 태국인들의 모습

인 불교 국가인 태국에서는 4월을 새해의 시작으로 여기고 있지요.

그런데 왜 새해 축제를 물의 축제라고 부르냐고요? 그것은 송크란 기간 동안 태국 거리 곳곳에서 서로에게 물총을 쏘고 바가지로 물을 뿌리는 사람들이 인산인해를 이루기 때문이지요. 원래는 부처의 축복을 기원하기 위해 불상을 물로 씻는 데에서 유래했다고 해요. 지금은 사람들끼리 바가지, 양동이는 물론 물총, 물차까지 동원해 물을 붓는 큰 행사로 자리 잡았지요. 물을 뿌리는 것은 한 해 동안의 나쁜 일을 씻어 내고 건강과 축복을 기원함을 뜻하기 때문에 송크란에서 가장 중요한 행사로 여겨져요.

물을 뿌리는 행위는 태국의 기후와도 깊은 관련이 있어요. 태국은 일년 중 비가 집중되는 우기와 건조하고 맑은 건기가 뚜렷하게 구별되는 지역이에요. 보통 건기는 전년도 10월부터 시작되어 여섯 달 동안 이어지다가 다음 해 4월쯤 우기로 접어들어요. 즉, 태국의 4월은 계절에 큰 변화가 있는 시기이죠. 게다가 대표적인 쌀농사 국가이기 때문에 4월의 의미가 더욱 커요. 물을 뿌리는 행위는 긴 건기 끝에 내리기 시작하는 비에 감사하는 마음과 함께 한 해 농사에 꼭 필요한 비가 오기를 기원하는 의미가 있는 것이지요.

그래서인지 송크란 기간 동안 사람들은 아무리 센 물벼락을 맞더라도 찡그리거나 화를 내지 않지요. 오히려 축제 참가자들은 복을 빌어 주는 물벼락을 고마워하고 즐깁니다. 송크란은 많은 외국인 관광객들도 함께 즐기기 위해 때를 맞춰 방문할 만큼 인기 있는 새해맞이 축제로 자리 잡았답니다.

### 인도, 종교가 삶인 나라의 새해

인도는 많은 인구만큼이나 다양한 종교가 존재하는 곳이에요. 인도에서는 힌두교, 불교, 시크교, 자이나교 등의 종교가 발생했고 이후 이슬람교, 기독교 등이 전해지며 수십 가지의 다양한 신앙이 공존하고 있어요. 그중 단연 높은 비중을 차지하는 종교는 힌두교예요. 힌두교는 문자 그대로는 '인도의 종교'라는 뜻으로, 14억 명 인도 인구 중 80%가 믿는 민족 종교예요. 게다가 기독교와 이슬람교가 유일신교인 반면에 힌두교는 다양한 신

### 📍 아시아의 다양한 종교 분포

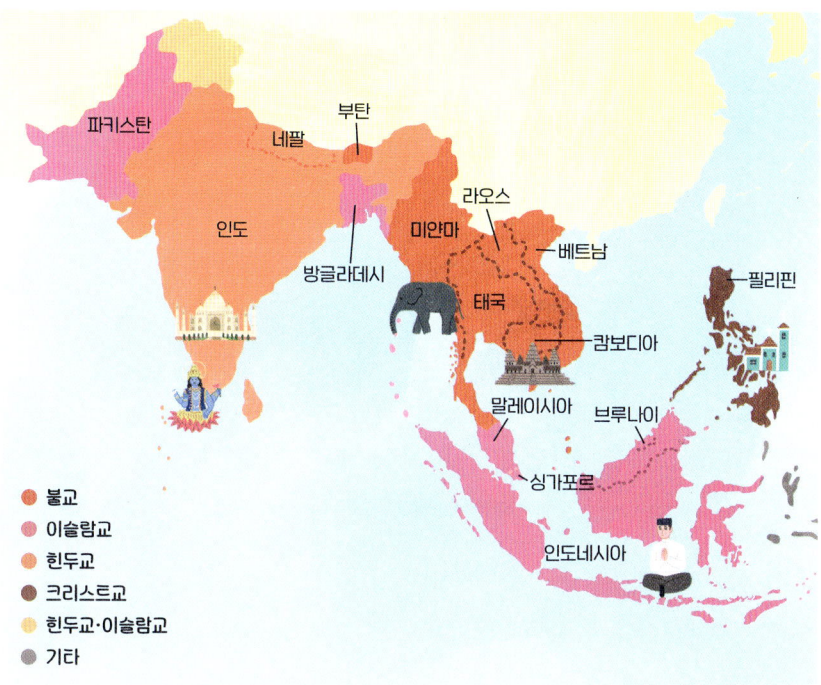

들의 존재를 인정하고 그것들을 숭배하는 다신교이지요. 진정한 인도 문화를 알려면 인도인들의 삶의 기준이 되는 힌두교를 알아야 해요. 인도만의 새해 풍습도 마찬가지지요.

인도에서는 힌두력에 따라 새해의 시작이 결정돼요. 그중 인도 최대의 축제이자 명절은 디왈리 축제(Diwali Festival)지요. 디왈리 축제는 빛의 축제예요. 디왈리는 힌두력의 여덟 번째 달에 초승달이 뜨는 날을 중심으

전통의상을 입고 디왈리 축제에서 불을 밝히는 모습

로 5일간 진행돼요. 양력으로는 10월에서 11월에 해당하는 기간이지요.

디왈리 때는 작은 마을까지도 집집마다 전구를 달아 온 나라가 반짝반짝 빛나요. 또 폭죽으로 하늘을 밝히기도 하죠. 이는 건강, 지식, 부, 평화, 풍요를 위해 하늘에 순종하는 것을 표현하는 행위예요. 그리고 여느 나라의 명절처럼 친척들을 방문하고 서로의 번영을 기원해 주지요.

한편, 인도에서는 봄맞이 축제인 홀리(Holi)를 한 해의 시작으로 여기기도 해요. 홀리는 힌두 달력으로 한 해의 끝인 12월 마지막 보름달이 떴을 때 인도 전역에서 열리는 축제이죠. 양력으로는 매년 조금씩 날짜가 다르지만 대체로 2월 하순에서 3월 무렵에 해당해요.

## 색채의 축제라 불리는 홀리 축제

　홀리 축제 기간에 사람들은 오래된 물건을 태우거나 정리하며 악하고 묵은 것을 쫓아내요. 그리고 희망찬 새로운 봄을 맞을 준비를 하지요. 특히 홀리 축제는 사람들이 거리로 나와 다양한 빛깔의 색 가루나 색 물감을 서로의 얼굴이나 몸에 문지르거나 뿌리는 행사로 유명해요. 색을 뿌리거나 바르는 것은 사랑을 표현하고, 축복을 기원하는 것이에요. 보름날 아침이 되면 계급이나 성별, 빈부에 상관없이 누구나 거리로 나와 서로에게 색색의 가루를 뿌리기 시작해요. 그동안 쌓였던 사람 간의 갈등이나 안 좋았던 감정을 씻어 내고 몸과 마음을 정화한다는 의미예요. 축제 동안 거리는 온통 형형색색으로 물들어요. 그래서 홀리 축제를 '색채의 축제'라고도 하지요.

아시아는 다양한 역사를 가진 민족과 종교가 어우러진 대륙이에요. 게다가 나라마다 위도와 같은 지리적인 위치가 달라서 계절의 변화가 나타나는 시기도 차이가 있지요. 또 음력, 양력, 종교력 등 전통적으로 인식하는 달력도 달라서 한 해의 시작에 대한 해석에도 차이가 있어요. 해당 지역의 자연과 역사·문화적 배경을 알고 각각의 새해 풍습을 바라보아야 그 의미를 더 잘 이해할 수 있답니다.

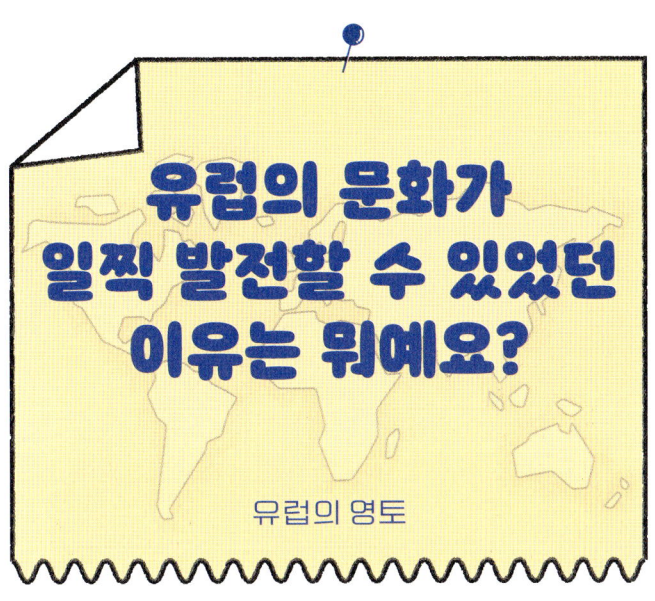

유럽의 영토

### 세계를 이끌어 나간 유럽

대한민국은 민주주의 국가이면서 자본주의 국가이기도 해요. 민주주의와 자본주의의 뿌리는 유럽에 있어요. 제국주의를 시작으로 산업화에 이르기까지 모두 유럽에서 시작한 현대 인류의 역사입니다. 또 아메리카 대륙과 오세아니아 대륙을 발견한 지리적 성과도 유럽인이 이룩한 것이지요. 이렇게 단 몇 가지의 이야기만 나열했을 뿐인데 마치 유럽인들이 우리 삶의 방식을 결정한 것처럼 느껴지는 것은 왜일까요? 도대체 유럽은

## 영국의 산업혁명과 제국주의

1760년대 영국에서 기계가 발명된 이후 전 세계에 큰 변화가 일어나요. 산업혁명은 세상을 혁신적으로 바꿨지만, 어두운 면도 많았답니다. 실을 만드는 방직공장에서는 아직 어린 나이의 노동자들이 학교도 가지 못한 채 12시간 이상씩 일하기도 했답니다.

영국은 영토 확장을 위해 식민지를 개척하는 방식으로 제국주의에 선두에 있었던 국가예요. 또한 세계에서 산업화를 가장 먼저 이룩한 국가이기도 해요. 1700년대 영국 안팎에서 면으로 된 옷감이 인기를 끌자 증기기관을 이용해 면직물을 대량 생산하기 시작했거든요. 이후 무수히 많은 기계가 발명되어 산업이 발달하기 시작했고 산업화로 인해 대량으로 생산된 상품을 판매할 대규모 시장을 찾던 영국이 식민지배로 시장을 개척하게 되면서 본격적인 제국주의가 시작되었습니다. 이 시기 중남미 대륙과 아프리카 일부 지역 그리고 인도와 아시아 지역의 몇몇 국가들이 영국의 식민지배하에 놓이게 되었어요. 1870년대에 들어 프랑스와 독일이 제국주의 시대의 새로운 경쟁자로 들어오게 되면서 본격적인 제국주의 시대가 열렸어요.

다른 대륙과 어떤 차별성이 있었기에 전 세계를 움직이는 힘을 발휘할 수 있었을까요?

대륙은 큰 바다를 사이에 두고 있기 때문에 손쉽게 대륙 간의 경계를 구분할 수 있어요. 아메리카 대륙은 대서양과 태평양 사이에 있고, 아프리카는 대서양과 인도양 그리고 지중해에 둘러싸인 대륙이죠. 오세아니아는 태평양과 인도양 그리고 남극해에 둘러싸여 그 경계가 명확해요. 하지만 유럽과 아시아는 하나의 큰 땅 덩어리로 붙어 있어, 많은 사람을 골치 아프게 했죠. 그도 그럴 것이 문화적으로 닮은 부분이 많아 경계를 구분 짓는 것이 쉽지 않았어요. 지리적으로는 러시아에 있는 우랄산맥을 기준으로 서쪽을 유럽, 동쪽을 아시아로 구분해요. 또한 그 경계가 명확하진 않지만 유럽과 아시아는 역사적으로 서로 다른 대륙으로 발전해 왔어요.

우리가 이렇게 구분한 유럽의 면적은 약 1,018만㎢로 미국의 면적 983만㎢, 캐나다의 면적 998만㎢보다 약간 더 큰 정도예요. 우리가 생각하는 하나의 대륙에 비해 그렇게 큰 곳은 아니죠. 그럼에도 불구하고 유럽은 무려 46개의 나라로 구성되어 있고 계속해서 나라에서 분리 독립을 요구하고 있어 앞으로 더 많은 나라가 생겨날 대륙이죠.

미국과 캐나다는 그 큰 땅덩어리 안에 하나의 나라밖에 없는데 유럽은 비슷한 크기의 땅 안에 약 50개에 가까운 나라가 있다고 하니 그동안 우리가 유럽에 대해 너무 과대평가를 하지는 않았는지 의문이 생길 정도예요. 이렇게 유럽은 크고 강한 대륙이라고 생각하게 된 결정적인 이유가

- 제국주의: 우월한 군사력과 경제력을 바탕으로 다른 나라나 민족을 정벌하여 대국가를 건설하려는 침략주의를 말해요.
- 산업화: 18세기 후반부터 약 100년 동안 유럽에서 일어난 생산 기술과 그에 따른 사회 조직의 큰 변화를 말해요.

**작은 땅덩어리가 잘게 쪼개져 있는 유럽의 국가들**

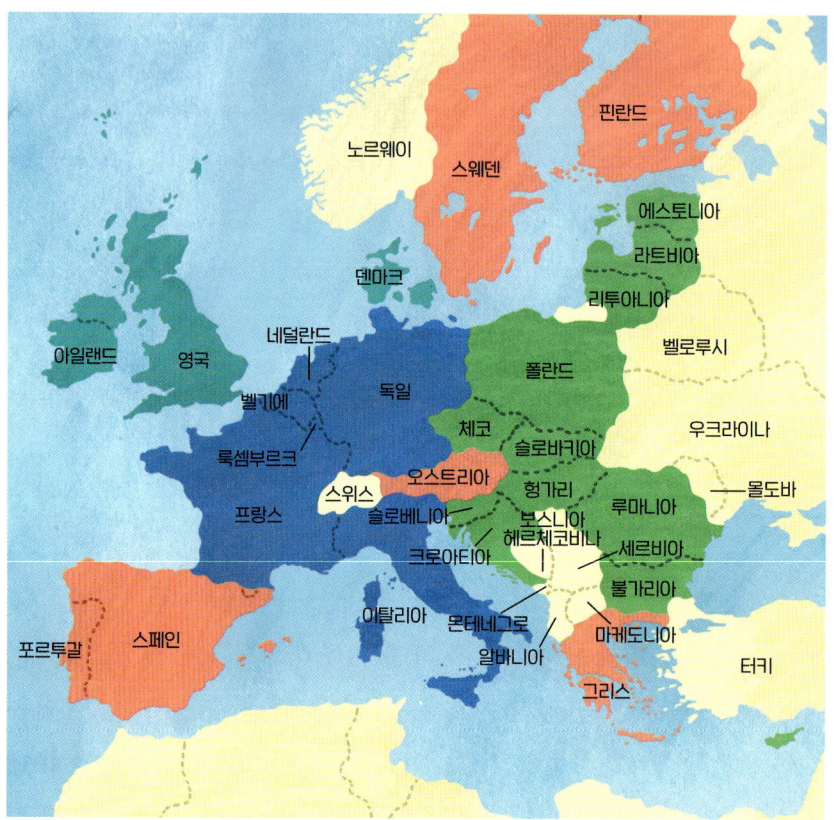

바로 앞서 말한 제국주의와 산업화의 영향이 아닐까 하는 생각이 들기도 하네요. 그렇다면 이렇게 작게 나누어진 여러 나라가 있었던 유럽이 어떻게 전 세계의 다양한 대륙을 발견하고 그 대륙을 차지할 만큼 강력한 힘을 가지게 된 걸까요? 어떻게 서로 힘을 합치지 않고도 이 드넓은 지구를 자신들의 것으로 만들 수 있었을까요?

## 하나로 뭉칠 이유가 없었던 유럽

전 세계가 서로의 존재를 잘 모르던 시기, 현재 중국 땅에는 한나라, 당나라, 송나라 등 여러 강력한 제국이 있었어요. 이 지역을 중심으로 아시아의 모든 문화와 질서가 만들어졌고 마치 아시아는 하나의 중국처럼 보이기도 했죠. 중간중간 몽골제국이 등장하면서 그 힘의 방향이 살짝 옮겨지기도 했지만 어쨌든 강력한 제국 한두 개가 아시아를 휘어잡고 있었기 때문에 많은 나라가 만들어지기 어려운 상황이었어요. 하지만 유럽은 아시아와 완전히 다른 상황에 놓여 있었답니다. 로마 제국이 망한 이후, 눈에 띄게 강한 힘을 가진 나라가 등장한 적이 있었어요. 특히 중세 유럽까지 몽골제국과 이슬람 세계에 이렇다 할 힘도 써 보지 못한 채 꼼짝 못할 정도였으니까요. 이렇게 외부 세력에 꼼짝 못하던 유럽이었기에 힘을 키우려면 자신들끼리 치열하게 경쟁하고 다투는 방법밖에 없었어요. 유럽은 14세기까지만 하더라도 무려 1,000개에 달하는 독립적인 작은 나라들로 구성되어 있었어요. 분열된 유럽은 하나의 나라로 통일하려는 노력보다는 여러 개의 나라가 서로를 견제하고 서로를 공격하는 방식으로 자신들의 영역을 만들고 지켜 나갔어요. 거기에다 지리적인 부분도 유럽이 나뉠 수밖에 없는 운명에 상당한 영향을 끼쳤답니다.

남부 유럽의 스페인, 포르투갈, 이탈리아 등은 많은 인구가 살아남기에 힘든 환경이었어요. 산지가 많고 넓은 평지가 없었기 때문이에요. 하지만 고대 이집트와 메소포타미아 문명이 지중해를 통해 그리스와 로마로 이어졌고, 그 문명의 힘을 바탕으로 남부 유럽 지역은 지리적인 약점을 보완할 수 있었어요. 또 남부 유럽은 부족한 농경지를 극복하는 하나의 방안으로 지중해에 걸쳐 있는 북부 아프리카, 서남아시아 국가들 간의 물건을 교환해 주는 방식의 상공업을 발달시켰답니다. 이를 바탕으로 지중해를 점령한 남부 유럽 국가들은 강력한 힘을 가진 제국으로 성장할 수 있었죠. 그렇게 지중해 인근에 넓은 평야를 가진 북부 아프리카의 농경지에 의존한 채 남부 유럽은 다른 유럽과 차별화된 그들만의 문화를 만들며 성장하게 되었답니다. 그들에게는 알프스 너머 서부 유럽의 평야를 차지하는 것보다 지중해를 건너 북부 아프리카를 차지하는 것이 훨씬 수월했어요. 굳이 같은 유럽끼리 싸워서 하나의 나라로 통일을 할 필요가 없었던 거죠.

유럽을 남북으로 나누는 알프스산맥과 피레네산맥은 사람들 간의 문화, 정치, 언어 등을 분리시켜 놓았어요. 그나마 있는 하천도 그 규모가 상당히 작아 많은 사람이 모여 살 수 없었죠. 핵심 지역들이 하천 주변에 서로 흩어진 채로 지낼 수밖에 없었던 거예요. 이와 반대로 알프스 산맥 북쪽에 위치한 나라들은 넓은 평야가 있었기 때문에 남부 유럽에 비해 살아가기에 유리했습니다. 심지어 알프스산맥 고지대에 철이나 석탄과 같은 천연자원도 많이 매장되어 있어 남부 유럽에 비해 상대적으로 국력을 키울 만한 조건을 갖추고 있었죠. 이렇게 드넓은 평야에 분산된 하천 주변에 사람들이 모여 살게 되었고 그들은 비교적 풍족한 자연 환경을 바탕으로 자신들의 영역을 확고히 하며 성장할 수 있었답니다. 즉 힘을 합치

 **유럽의 지형**

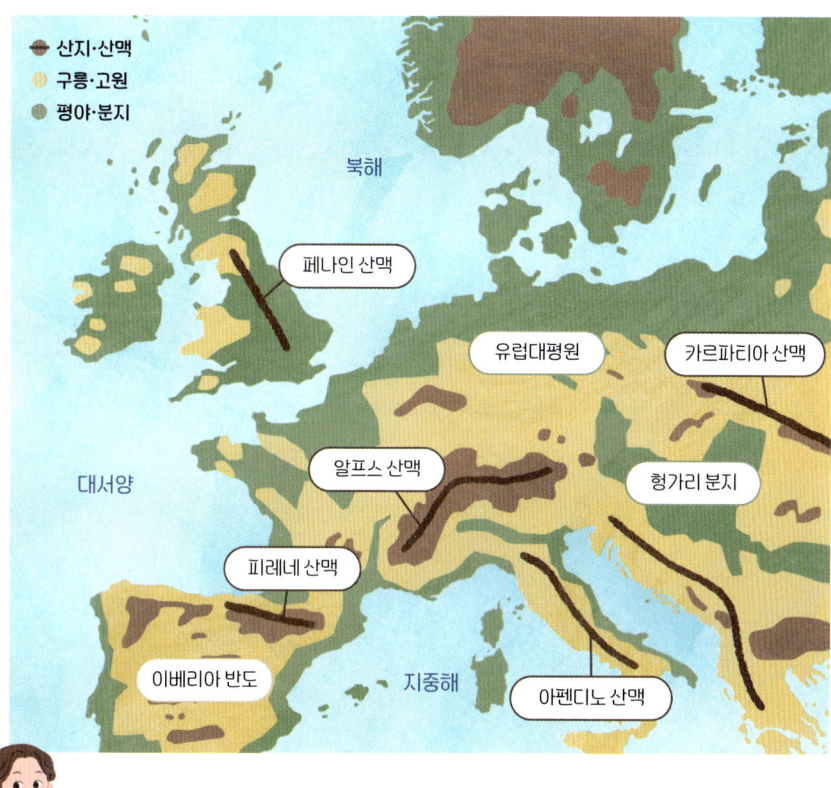

알프스 산맥 남쪽의 스페인, 포르투갈, 이탈리아 등의 나라는 농경지가 부족했지만, 지중해를 사이에 둔 북부 아프리카와 서남아시아 국가들과 물건을 교환하는 방식으로 상공업을 발달시켰어요!

지 않아도 살아남을 수 있는 지리적 환경이 있었기에 서로서로 나누어진 나라를 만들어 그들만의 방식으로 사는 것을 택했던 겁니다. 산맥과 하천 그리고 바다가 복잡하게 얽혀 있는 유럽은 다른 대륙처럼 하나의 강력한 제국을 가진 대륙이 만들어질 수 없었고, 또 그럴 필요도 없었습니다

　이렇게 유럽은 여러 개로 나뉠 수밖에 없는 지리적 환경 때문에 하나의 문화권을 형성하는 데 난항을 겪었지만 특유의 경쟁과 자유 덕분에 신대륙을 발견하고 산업혁명 등의 새로운 질서를 만들 수 있었어요. 그리고 그 결과들이 현재 우리의 삶에 아주 큰 영향을 끼치고 있죠. 때로는 하나로 뭉치는 것보다 여러 개로 나누어지는 것이 선의의 경쟁을 유발해 더 창의적이고 발전적인 방향으로 나아가게 한답니다. 상대를 제압하기 위한 경쟁이 아닌 함께 더 잘 살아가기 위한 경쟁이 이뤄진다면 우리는 지금보다 더 편리하고 좋은 삶을 살 수 있을지도 모릅니다.

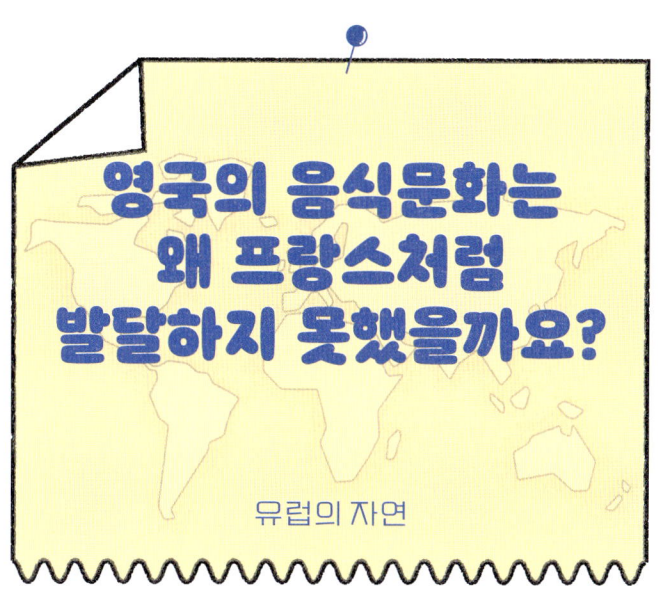

# 영국의 음식문화는 왜 프랑스처럼 발달하지 못했을까요?

유럽의 자연

### 영국 대표 음식이 카레라고?

혹시 좋아하는 세계 요리가 있나요? 꼭 한 번 먹어 보고 싶은 음식이 있다면, 어느 나라 음식인가요? 다양한 답이 나오겠지만 아마도 '영국 요리'라고 답하는 친구들은 많지 않을 것 같아요. '세상에서 가장 얇은 두 권의 책은 독일의 유머 책과 영국의 요리 책'이라는 말이 있을 정도로 영국 요리는 단조롭기로 유명하답니다. 그런데 궁금하지 않나요? 한때는 '해가 지지 않는 나라'라고 불리며 화려한 역사를 자랑했던 영국에서 요리 문화가 발달하지 못한 이유를 말이에요. 영국이 이처럼 보잘것없는 식문화를 갖게 된 근본적인 이유는 요리의 재료가 되는 농산물을 풍족하게 생산하지 못했기 때문이에요.

영국은 우리나라와 같이 사계절이 뚜렷한 온대기후 지역이에요. 하지만 영국에서 나타나는 온대기후는 유라시아 대륙의 서쪽에 위치하고 바다로 둘러싸인 섬이라는 지리적 특성으로 인해 우리와 여러 차이가 있어요. 우리나라에서는 무더운 여름, 춥고 건조한 겨울로 요약되는 대륙성 기후가 나타난다면 영국은 해양성 기후가 나타나요. 영국과 같이 서안해양성기후가 나타나는 지역은 연중 바다에서 불어오는 바람(편서풍)의 영향으로 여름이 서늘하고 겨울이 온화해요. 마찬가지로 바다의 영향으로 습도가 높아 안개와 강수일수가 많지요.

얼핏 보면 여름이 시원하고 겨울이 따뜻하여 사람이 살기에 좋은 기후처럼 느껴질지 모르지만 변덕스럽고 서늘한 여름 탓에 농산물을 생산하기에는 적합하지 못해요. 즉, 먹거리가 부족할 수밖에 없는 환경인 것이죠. 그래서 영국인들은 주로 서늘한 여름에 잘 자라는 밀과 보리 등의 곡물을 재배했어요. 하지만 이마저도 안정적인 식량 공급에는 어려움이 있었죠.

대신 영국은 연중 강수량이 고르고 겨울이 온화해 가축들의 먹이인 목초를 재배하기 좋은 조건을 갖췄어요. 이를 바탕으로 곡물 재배와 소·양·돼지 등의 가축 사육을 함께하는 '혼합 농업'이 발달했지요. 한마디로 조금씩 다양한 식재료를 생산하여 식량 공급의 안정성을 높이는 방법을 택한 거예요. 이처럼 영국에는 식재료가 풍족하지 못했기에 다양한 요리

## 영국을 구성하는 네 개 문화권

를 개발하기 위해 이런저런 시도들을 해 본다는 것이 쉽지 않은 일이었어요. 영국인들에게 음식은 즐기며 먹는 문화가 아니라 생존을 위한 자원 같은 것이었죠.

그렇다고 영국인에게 그들의 주식이 피시 앤 칩스냐고 물으면 아마도 손사래를 칠 거예요. 실제로 대부분의 영국인들은 피시 앤 칩스를 먹는 날이 일 년에 몇 번 되지 않는다고 해요. 더군다나 피시 앤 칩스의 역사를 더 깊이 파고들면 프랑스나 벨기에 등지에서 건너온 것이지, 원래부터 영국의 전통 음식이라 말하기도 어렵지요.

그렇다면 도대체 영국인들의 전통 음식 혹은 주식은 뭘까요? 로스트 비프? 잉글리시 블랙퍼스트? 사실 전통 영국 음식을 하나로 꼭 집어 정하는 것은 매우 어렵고 큰 의미가 없을 수도 있어요. 오히려 영국에서는 중국과 인도 음식을 상당히 선호해서 영국의 대표 음식 중 하나로 인도 카레 같은 '치킨 티카 마살라(chicken tikka masala)'를 말하기도 해요. 재미있는 것은 영국 전역의 수많은 식당에서 먹을 수 있는 이 카레를 인도에서는 들어본 적도 없다고 하는 거죠.

원래 영국이라는 나라는 잉글랜드, 스코틀랜드, 웨일스, 북아일랜드가 연합국을 이루고 있어서 다양한 문화가 공존하는 게 특징이에요. 영어가 다른 언어들의 단어를 흡수하며 발전한 언어이듯, 영국의 음식 문화도 특유의 개방성으로 오랫동안 다른 문화권의 음식을 받아들이며 풍부해지고 다양해졌어요. 오히려 지금은 외국 음식에 우호적인 영국의 특색 때문에 세계 각국의 유명 음식점들이 문을 열고 있답니다. 곧 있으면 '영국 음식은 맛없다.'라는 말이 옛말이 될지도 모르겠네요.

## 지리의 축복이 만든 프랑스의 위대한 유산

영국과 바다 건너 이웃하고 있는 프랑스는 전 세계적으로 유명한 미식(美食)의 나라이죠. 프랑스인들은 그들의 요리에 대단한 자부심을 가지고 있고, 음식을 하나의 문화로 인식하고 있어요. 게다가 유네스코(UNESCO)는 2010년 '프랑스 미식(Le repas gastronomique des Français)'을 세계 인류무형문화유산으로 등재했어요. 한 나라의 음식 문화가 인류의 중요 유산으로 인정받은 것이지요. 프랑스의 미식은 재료의 선택부터 음식에 어울리는 와인 고르기, 음식을 먹는 순서와 맛의 즐거움을 느끼는 과정 모두를 포함해요.

프랑스가 이렇게 우수한 음식 문화를 만들어 낼 수 있었던 근본적인 이유는 지리적 입지와 자연환경 덕분이에요. 농업 환경이 불리한 영국과 달리 프랑스는 농업에 유리한 평야 지형이 더 넓었어요. 게다가 지중해와 대서양에 면한 위치로 인해 기후의 혜택까지 받는 곳이죠. 프랑스 북부 지역은 영국처럼 서안해양성기후가 나타나지만 지중해 연안의 남부 지역은 다양한 식재료 생산에 유리한 지중해성기후가 나타나요.

지중해성기후는 이름 그대로 지중해 연안을 따라 분포하는 기후예요. 물론 미국 캘리포니아, 칠레 중부, 남아프리카, 오스트레일리아 남부 등지에서도 나타나지요. 지중해성기후의 여름은 높은 기온 분포를 보이지만 습도가 낮아 건조해서 우리나라의 여름철처럼 높은 습도로 인한 불쾌감이 없어요. 그래서 뜨거운 햇볕이 내리쬐어도 그늘에만 들어가면 금세 시원하게 느껴진답니다.

대신 여름철에는 강한 일사로 인해 풀과 같은 농작물이 말라 죽기 십상이죠. 그래서 건조한 여름 기후에 잘 견디는 올리브, 오렌지, 포도, 코르크나무 등을 재배하지요. 반면 겨울철에는 여름에 비해 강수량이 많고 기온도 온화하여 이 시기에 밀, 보리 등을 재배하는 곡물 농업을 해요. 이렇게 연중 먹거리가 풍요로운 환경으로 인해 프랑스인들은 요리에 대한 다양한 시도를 할 수 있었어요. 덕분에 프랑스 요리는 계속 발전하고 계승되어 세계 최고의 명성을 얻게 되었지요.

앞서 소개했듯이 프랑스인들은 그날의 요리와 어울리는 와인을 선택하는 것도 상당히 중요하게 여겨요. 포도 재배에 유리한 기후와 일찍이

## 유럽의 주요 지리적 표시제 상품

지리적 표시제란? 상품의 품질이나 맛이 생산지의 기후, 토양 등 지리적 특성과 밀접하게 연계되어 높은 명성을 얻은 경우, 지명을 지식 재산권으로 인정하는 제도예요. 지식 재산권은 인간의 창조활동으로 만들어진 결과물에 대한 법적 권리를 말해요. 그래서 샹파뉴 지역의 와인인 샴페인은 다른 곳에서는 사용하지 못하는 명칭이 되었죠. 우리나라의 지리적 표시제는 2002년 보성 녹차를 1호로 시작되었어요.

발달한 농업 기술 덕에 프랑스에는 세계적인 와인 산지가 많답니다. 특히 프랑스 '부르고뉴' 지방은 중세 이후 계속 발달해 온 포도 경작과 와인 생산의 탁월함을 인정받아 세계 문화유산에 등재되었어요. 마찬가지로 축하하는 자리의 단골 주류인 샴페인의 고장 '샹파뉴' 지역도 오랜 세월에 걸쳐 완성된 샴페인 제조의 전문성과 명성을 인정받아 세계 문화유산에 함께 이름을 올렸죠.

뿐만 아니라, 부르고뉴(Bourgogne, 영어로는 Burgundy)와 샹파뉴(Champagne, 영어식 발음은 샴페인) 지역에서 생산되는 와인은 지리적 표시제(GI·Geographical Indication)에도 등록되어 있어요. 지리적 표시제는 상품의 품질과 특성이 해당 상품의 '원산지' 때문에 생겼을 경우 그 원산지의 이름을 상표권으로 인정해 주는 제도예요. '보성 하면 녹차!', '횡성은 한우!'처럼 '아, 거기! 그 음식!'이라고 알아차릴 수 있게 해 주는 효과가 있죠. 자국의 음식 문화에 대한 프랑스인들의 엄청난 자부심만큼이나 그것을 지켜나가려는 노력도 상당하죠. 엄격한 심사 기준을 통과해야 하는 지리적 표시제에 무수한 프랑스 특산물들이 등록되어 있다는 것이 그 증거예요. 프랑스 음식 문화를 보면 하늘이 준 뛰어난 재능과 더불어 끊임없이 노력하는 자세, 그리고 그것을 사랑하는 모습까지 담겨 있는 것 같아요. 그러니 앞으로 더 발전하는 프랑스 음식 문화를 기대할 수 있겠죠?

## 하나로 뭉칠 이유가 없었던 유럽, 이제는 하나로 뭉쳐야 하는 유럽

'뭉치면 살고 흩어지면 죽는다.'라는 말은 여러 사람의 힘을 합쳤을 때 더 큰 힘을 발휘해 상대를 제압하거나 상대로부터 우리를 보호할 수 있다는 뜻에서 나온 말입니다. 우리 주변에는 힘을 합쳐야 어려움을 극복하고 더 발전적인 방향으로 나아가는 경우가 많아요. 때론 개인이나 사회의 여러 조직보다 더 큰 규모의 결합도 이뤄진답니다. 바로 나라와 나라의 연합인데요. 특정한 나라를 견제하기 위해서, 혹은 두 나라가 힘을 합쳤을 때 공동으로 대처할 수 있는 장점이 많을 경우 이렇게 나라끼리 힘을 합치기도 합니다.

앞서 유럽은 여러 개로 쪼개진 덕분에 자유로운 경쟁과 새로운 발견을 이루어 냈다고 했어요. 하지만 한계가 있었죠. 더 자유롭고 창의적인 나라들 앞에서 더 이상은 힘을 쓸 수 없었어요. 이에 유럽은 죽지 않기 위해 뭉치기로 결심했죠. 대부분 이렇게 뭉치는 경우 경제적인 목적으로 두 나라 간의 힘을 모으는 경우가 많아요. 그런데 유럽은 더욱 강력한 힘을 발휘하기 위해 정치적으로도 완전히 결합을 해 버립니다. 바로 유럽연합(EU)이 경제를 넘어 정치까지 하나로 통합된 대표적인 유형이라고 할 수 있죠.

제2차 세계대전이 끝이 나면서 그 어떠한 것보다 하나의 민족이란 가치를 중요시했던 유럽의 민족주의는 큰 위기를 맞습니다. 민족보다 더 큰 힘을 발휘하는 것들이 많다는 것을 알게 되었던 거죠. 그래서 제2차 세계대전 이후 서부 유럽의 국가들은 서로 갈등하던 과거를 용서와 화해로 이겨 내고 서로 힘을 합쳐 평화 그 이상을 얻어 내겠다고 다짐하게 됩니다. 급기야 1952년 서부 유럽 국가의 공업을 공동으로 운영하고 관리하기 위해 유럽 석탄 철강 공동체가 탄생하면서 하나로 뭉친 유럽이 처음 세상에 알려지게 되었어요.

유럽 석탄 철강 공동체는 당시 아주 중요한 자원으로 활용되었던 석탄과 철강을 둘러싼 분쟁을 일으키지 않고 경제적으로 함께 성장하며 이를 바탕으로 평화를 이끌어 나가기 위해 설립된 국제조직이었답니다. 처

## 유럽연합은 이렇게 커졌어요!

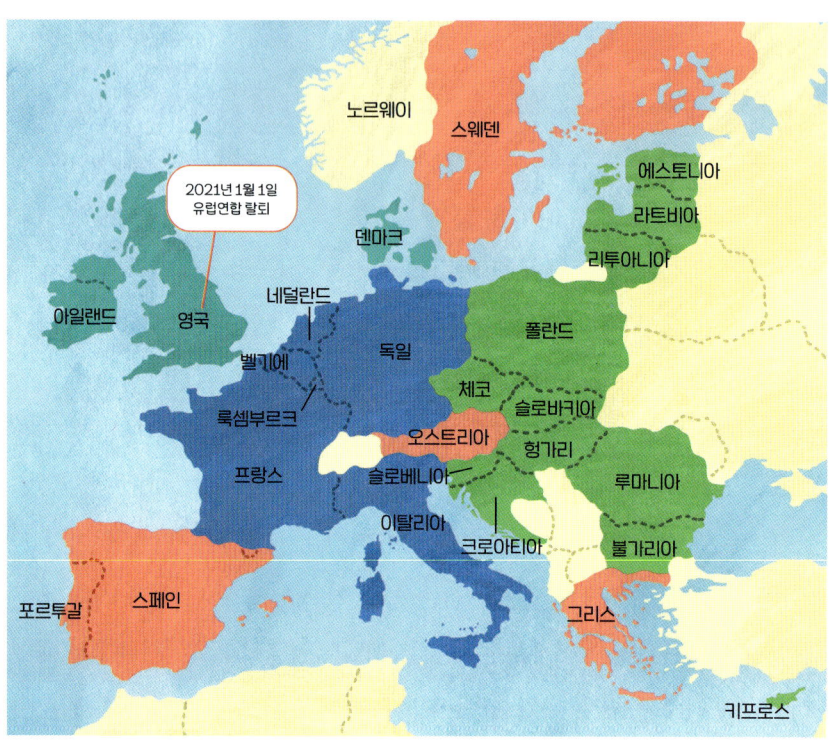

| 1961년 | 프랑스, 서독*, 이탈리아, 벨기에, 네덜란드, 룩셈부르크 |
|---|---|
| 1973년 | 영국, 덴마크, 아일랜드 |
| 1981년 | 그리스 |
| 1985년 | 스페인, 포르투갈 |
| 1995년 | 오스트리아, 핀란드, 스웨덴 |
| 2004년 | 체코, 슬로바키아, 폴란드, 헝가리, 슬로베니아, 라트비아, 에스토니아, 리투아니아, 몰타, 키프로스 |
| 2007년 | 불가리아, 루마니아 |
| 2013년 | 크로아티아 |

> 1951년 6개의 나라로 시작된 유럽연합은 2013년 28개의 회원국으로 확대되었어요. 여전히 유럽의 많은 나라들은 유럽연합에 가입하기 위해 기다리고 있어요.

음엔 독일, 프랑스, 이탈리아, 벨기에, 네덜란드, 룩셈부르크 여섯 개 나라로 시작했지만, 2002년엔 12개 나라가 가입을 했을 만큼 큰 힘을 발휘했어요. 이후에 유럽의 여러 나라들은 화려했던 영광을 되찾기 위해 계속해서 하나로 뭉치려고 노력했어요. 1958년엔 석탄, 철강을 뛰어 넘어 경제 자체를 통합하기 위해 유럽 경제 공동체를 신설했고 원자력을 평화적으로 활용하고 개발하기 위한 유럽 원자력 공동체도 만들어졌죠. 하지만 계속해서 늘어나는 연합 조직에 각 조직의 효율성이 떨어지게 되었고 1967년 결국 유럽 석탄 철강 공동체, 유럽 경제 공동체, 유럽 원자력 공동체가 유럽공동체(EC)라는 이름 아래 하나로 통합됩니다. 이후 영국, 덴마크, 아일랜드가 유럽공동체에 가입하면서 유럽공동체는 처음으로 그 세력을 확장해 나가기 시작했고 포르투갈, 스페인의 가입으로 유럽 전역에 통합의 힘이 뻗어 나가기 시작했어요. 점차 많은 나라들이 유럽공동체에 가입됨에 따라 회원국들은 1985년부터 회원국 국민이라면 유럽공동체에 가입되어 있는 국가를 자유롭게 입국 및 출국할 수 있도록 했죠. 이는 사람들 간의 이동이 자유로워진 전 세계 첫 번째 사례로 남게 되었어요. 그리

 ● 서독: 1990년 통일하기 전까지 독일은 동독과 서독으로 분리되어 있었어요.

고 1년 후인 1986년엔 이들을 통합하는 하나의 국기가 만들어져 공식적으로 세계 무대에서 사용되기 시작했답니다.

점차 통합의 힘을 실감하던 유럽의 나라들은 어떤 문제에 대해 법을 적용하고 그 문제가 법적으로 문제가 있는지 없는지 그리고 그것을 바탕으로 판단을 내리는 사법 권력과, 국제 사회에서 다른 나라와 경제, 정치, 문화적으로 관계를 맺는 외교 및 안보 권한까지 통합된 유럽연합(EU)을 1993년 11월 1일 출범하게 됩니다. 단순히 경제적인 통합을 넘어 완전히 하나로 합쳐지는 초국가가 형성된 거죠. 수십 개의 국가가 하나의 나라처럼 되어 버리면서 서로 물건을 사고팔 수 있는 화폐도 하나로 통합하게 됩니다. 1995년 이들이 공통으로 사용할 화폐의 이름을 유로(Euro)라고 결정하고 2002년 이 화폐가 유럽 시장 전체에 활용되기 시작했어요. 즉 유럽연합(EU)에 가입된 국가는 기존에 자신들이 사용하던 화폐를 폐기하고 공통의 화폐로 교체했죠. 이 기세를 몰아 2004년 헝가리, 체코, 리투아니아, 라트비아, 슬로바키아, 슬로베니아 등 동유럽의 많은 국가들이 유럽연합(EU)에 가입했고 2013년 마지막으로 가입한 크로아티아까지 총 28개의 나라가 하나로 합쳐지게 됩니다. 이 정도면 다른 유럽 국가들도 더 이상 뭉치지 않으면 죽고 흩어져도 죽는 상황이 되어 버렸죠. 이후에도 유럽의 여러 나라들이 유럽연합에 가입하기 위해 노력했지만 회원국 간의 경제적 격차와 의견 차이를 극복해 내기가 쉽지 않았던 유럽연합은 그 확장의 속도를 점차 늦추기에 이릅니다. 그리고 결국 영국이 하나의 유럽에 불만을 품고 유럽연합의 품을 떠나는 일까지 발생하죠.

## 다시 하나둘 흩어지기 시작한 유럽

2008년 미국을 시작으로 전 세계적인 경제 위기가 발생하면서 유럽연합 회원국들도 큰 어려움을 겪게 됩니다. 특히 2011년 경제 위기가 심각해지면서 그리스, 이탈리아, 스페인, 포르투갈, 아일랜드 등이 국가 부도 위기에 빠지게 되었고 이는 경제적으로 통합되어 있는 유럽연합 전체의 위기로 이어졌어요. 경제적인 상황이 서로 다른 나라들이 하나로 뭉쳐졌으니 상대적으로 경제적 능력이 떨어지는 나라가 어려움을 겪을 경우 경제적으로 여유로운 나라들은 어쩔 수 없이 그들을 도와야 하는 상황에 직면하게 된 거죠. 하지만 경제적으로 여유로운 일부 국가들도 세계적인 경제 위기에 소극적인 태도를 보일 수밖에 없었고 결국 유럽연합에 가입된 국가들끼리 갈등이 발생하기에 이릅니다. 최초에 하나의 화폐를 사용할 때까지만 하더라도 같은 화폐로 다른 나라에서 조금 더 저렴하게 물건을 구매할 수 있게 됨에 따라 유럽 전역의 상품 가격이 떨어지고 더불어 기업들이 생산 비용을 떨어트려 살아남을 수밖에 없다고 예측했죠. 즉 유럽연합 내에 생산 비용 절감, 회원국 간의 경제 교류 증가, 가격 투명성 증가 등의 긍정적인 효과가 많을 것이라 예상했는데 경제 위기 상황에서 그들의 꿈은 산산조각이 납니다.

지금도 여전히 유럽 사람들은 하나의 화폐를 사용하며 서로의 국경을 자유로이 넘나들고 있어요. 이탈리아에 살고 있는 사람이 계란을 사기 위해 이탈리아보다 조금 경제력이 낮은 슬로베니아로 걸어가 마트에서 장을 보고 오죠. 슬로베니아에 사는 사람이 조금 비싼 돈을 주더라도 이탈

### 유럽기와 유로화

리아에서 맛있는 피자를 먹기 위해 국경을 걸어서 넘어오기도 하죠. 처음 유럽연합이 만들어질 때만 하더라도 하나의 유럽이 미국, 중국 앞에서 당당하게 싸울 수 있을 거라고 생각했지만, 시간이 지날수록 대두되는 문제가 그들의 발목을 잡고 있는 상황이에요. 우리도 언젠가 통일을 앞두고 있을 때 상대적으로 저렴하게 물건을 구입하기 위해 북한으로 가는 날이 올 거예요. 소비자의 입장에선 저렴한 가격에 원하는 물건을 구입할 수 있다는 게 큰 장점이지만 유럽연합이 겪고 있는 문제를 보았을 때 국가적으로는 큰 어려움으로 다가올 수 있음을 늘 주의해야겠죠. 유럽이 하나가 되어 가는 과정에서 겪은 시행착오를 우리는 지혜롭게 이겨 내고 유럽이 꿈꿨던 하나의 유럽을 하나의 대한민국이라는 바통으로 이어받았으면 좋겠어요. 그러기 위해선 이 책을 읽고 있는 여러분들의 역할이 매우 중요해요. 여러분들이 세계를 올바르게 바라보고 지혜롭게 살아가야 하는 이유가 바로 여기 있답니다.

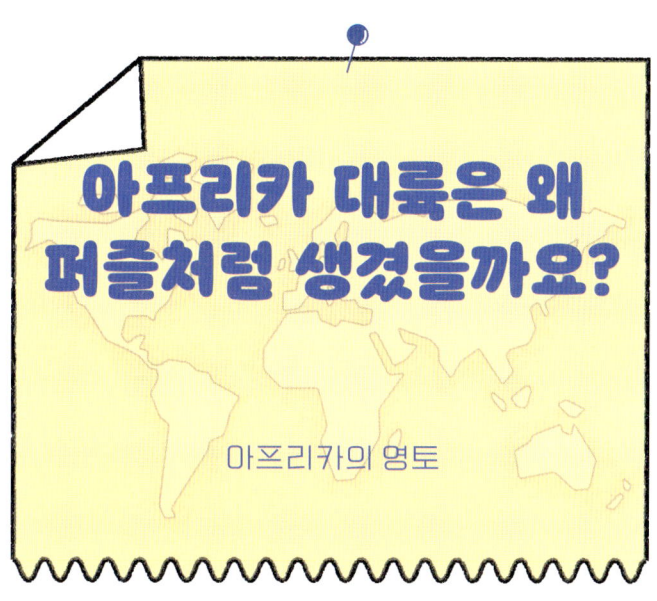

# 아프리카 대륙은 왜 퍼즐처럼 생겼을까요?

아프리카의 영토

## 유럽 강대국의 놀이터로 전락해 버린 아프리카

사람들은 공간을 통해서 자신을 드러내길 원해요. 더 좋고 넓고 높은 땅을 차지하는 것으로 자신의 영향력을 과시하고 존재의 가치를 높이고 싶어 하는 거죠. 마찬가지로 강한 힘을 가진 조직은 그 조직의 힘과 존재감을 드러내기 위해 더 좋은 곳에 그들만의 공간을 만들고, 영역을 확장하려고 노력해요. 나라도 마찬가지예요. 그들만의 존재감을 드러내기 위해 새로운 공간으로 영역을 넓히고 때론 남의 공간을 침범하거나 빼앗아 원래 살던 사람들을 완전히 내쫓기도 한답니다. 이들에게 영역을 확장하는 일은 무엇이든 마음대로 할 수 있는 공간이 넓어진다는 뜻이고, 이는 인간의 본능과 같은 일이죠.

이러한 인간의 욕구는 우리가 살고 있는 지구 곳곳에서 확인할 수 있답니다. 아프고 비극적인 역사지만 고대 그리스 시대부터 이어져 온 인간 욕망의 현주소를 제대로 마주보는 용기가 필요해요. 고대 사람들은 남의 땅을 빼앗기보다는 새로운 거주지를 개척하기 위해 이동했어요. 새로운 땅을 만나면 그곳에 거주하며 본국과 깊은 유대 관계를 맺는 정도였지요. 하지만 근대˙에 들어서면서 상황이 많이 달라집니다. 새로운 거주지를 찾는 것을 넘어 남의 땅을 빼앗는 식민 지배가 시작된 거죠. 동물도 영역이 넓어지면 안심하고 편안하게 먹을 것을 찾을 수 있는 것처럼, 식민지를 만들면 다양한 자원은 물론 노동력까지 편하게 확보할 수 있었죠. 그때부터 무엇이든 빼앗아 가기 위해 최대한 많은 공간을 확보하려는 다툼이 벌어지기 시작했어요. 19세기 세계를 호령하던 유럽 강대국들은 존재감을 높이고 전 세계에 자신의 영역을 확장하기 위해 식민지 경쟁에 나서게 됩니다.

자신보다 힘이 약하다 싶은 나라들을 무자비하게 침범했죠. 혹시라도 빼앗아 올 것이 있는지 살펴보다 조금이라도 도움이 될 만한 게 있으면 그 물건을 빼앗는 걸 뛰어넘어 그 공간 자체를 자신의 것으로 만들어 버렸죠. 이러한 행위가 아직까지도 깊은 흔적으로 남아 있는 곳이 바로 아프리카입니다. 아프리카는 문명이 존재한 황금의 땅이자 인류 문화의 중

● 근대: 중세와 현대 사이의 시대를 말해요. 우리나라에서는 1876년 개항 이후부터 1919년 3·1운동까지의 시기를 말하고, 유럽에서는 산업혁명을 근대의 시작으로 보는 경우가 많답니다.

## 유럽 식민지 경쟁의 희생양, 아프리카

 아프리카는 한때 문명이 존재한 황금의 땅이자 인류 문화의 중심지였지만, 19세기 유럽의 강대국들은 아프리카의 풍부한 자원은 물론 사람까지 노예로 사고팔 정도로 무자비하게 약탈했답니다.

## 📍 현재 아프리카의 국경과 과거 아프리카 식민 지배 모습

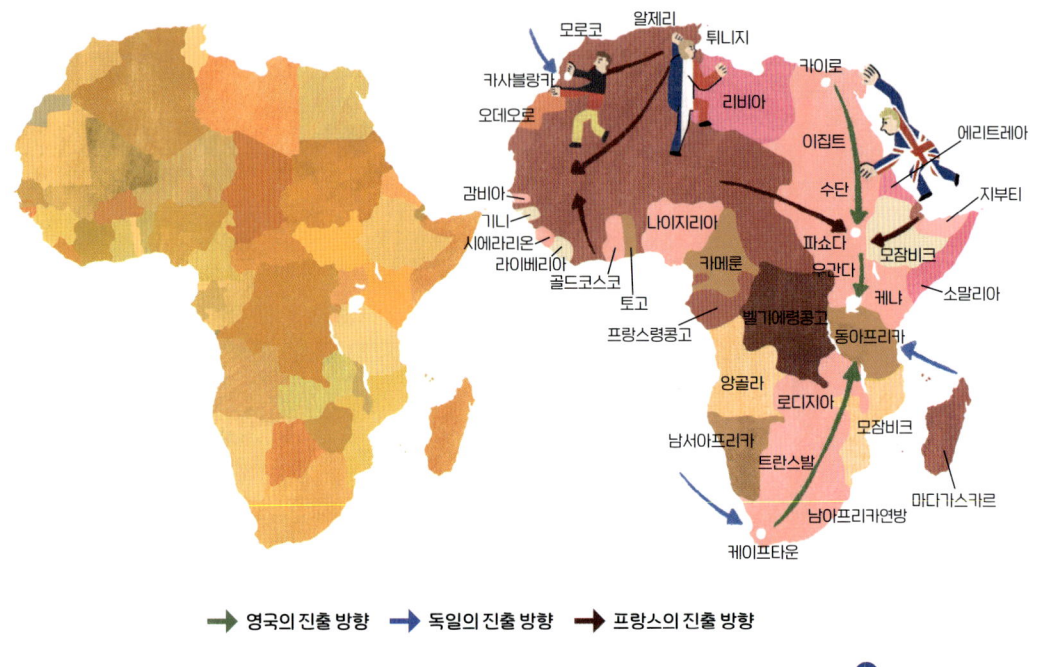

왼쪽 그림은 현재의 아프리카 국경이고 오른쪽 그림은 현재의 국경이 만들어지기 전 유럽 열강들이 차지한 아프리카의 영토입니다.

심지였지만 17세기 이후 강대국의 놀이터로 전락해 버렸어요. 처음엔 해안가를 중심으로 아프리카의 자원을 가져가던 유럽인들은 조금씩 그들의 공간을 탐내며 내륙 깊숙한 곳까지 침략해 이익을 챙기기 시작했어요.

아프리카인들은 자신이 가진 모든 것을 빼앗기는 상황에 격렬하게 저항했지만 그들의 저항은 문명화된 유럽인들에겐 비참할 정도로 무기력했답니다. 그렇게 유럽인의 영역은 계속해서 넓어졌고 자원을 넘어 사람까지 노예로 잡아가 사고팔아 버리는 상황까지 가 버린 거죠.

1787년 영국은 시에라리온에 해방 노예를 위한 자유의 나라를 건설했지만 오래가지는 못했어요. 결국 이곳은 서부 아프리카에 식민지를 건설하기 위한 사실상의 전진기지가 되면서 본격적인 식민 시대가 시작되었어요. 이렇게 아프리카의 서쪽 해안가를 점령하던 다른 유럽 국가들과 달리 프랑스는 1789년 나폴레옹이 군대를 이끌고 이집트에 침범했어요. 그러나 당시 이집트의 요청에 따라 군대를 파견한 영국이 이집트의 수도 카이로를 점령하면서 서부 해안가에 이어 아프리카 북쪽 지역까지 유럽의 힘이 닿기 시작했죠. 남부 아프리카는 아시아로 가는 중요한 길목에 위치해 있어 네덜란드와 영국이 서로 점령하려고 치열한 경쟁을 벌였고, 동부 아프리카는 독일이 처음 발견했지만 뒤늦게 뛰어든 영국이 독일과 경쟁하며 식민지 확보에 전력을 다하면서 에티오피아를 제외한 아프리카 전역은 유럽의 먹잇감이 되어 버렸답니다.

## 사랑하는 가족과의 이별, 다른 가족과의 불편한 동거

몇몇 유럽 국가들이 시작한 식민 지배는 영국, 프랑스, 포르투갈, 벨기에, 네덜란드 등 수많은 유럽 국가를 아프리카로 끌어들였어요. 아프리카인들의 언어와 종교마저 유럽의 그것으로 점차 변해 가기 시작했답니다.

이렇게 많은 나라들이 하나의 대륙을 두고 자신의 영역을 넓혀 가는 사이 어느새 아프리카의 드넓은 대륙은 더 이상 침범할 영역이 사라질 정도가 되어 버렸어요. 유럽인들은 자기들끼리 싸우면서 땅을 빼앗기보다는 이미 자신들이 가진 땅을 더욱 명확하게 나누어 가지길 원했고, 기어코 1884년 11월부터 1885년 2월까지 독일 베를린에서 아프리카 식민지 분할 회의를 가지게 되었답니다. 세계지도를 보면 나라의 경계인 국경선은 대부분 복잡한 곡선으로 이루어진 게 특징이에요. 그런데 유독 아프리카만은 자로 잰 듯 반듯한 국경선을 가지고 있는데요. 바로 이 회의 때문이랍니다. 보통 국경선은 강이나 산과 같은 자연적인 요인이나 인종이나 문화 등의 상호작용을 기준으로 나뉩니다. 그러나 아프리카는 유럽의 강대국들이 그들 간의 이해관계를 바탕으로 국경선을 그어 버렸기 때문에 우리가 잘 아는 국경선과는 완전히 다른 모습을 가지게 되었어요. 그들은 아프리카의 땅을 자신들의 뜻대로 나누는 '베를린 의정서'를 만들어 아프리카를 어떻게 나누어 가질지 정했지요. 영국, 프랑스, 독일, 미국을 비롯한 총 14개국이 참여한 이 회의에서 아프리카 국경선은 유럽인의 편의에 따라 기형적일 만큼 이상한 형태로 그어졌습니다. 아프리카의 부족 문화와 다양한 지리적인 환경을 전혀 고려하지 않은 채 그어진 국경 때문에 서로 다른 부족이 하나의 나라가 되어 버린 거죠. 이런 이유로 아프리카에는 오늘날까지 내전과 갈등이 이어지고 있답니다. 피와 눈물로 얼룩진 아프리카의 역사는 되돌릴 수 없는 뼈아픈 역사로 남았습니다.

　유럽인들 간의 충돌을 막기 위해 시작한 이 회의의 결과로, 1914년까지 아프리카에는 50개의 국가가 탄생했습니다. 칼로 자른 듯한 국경처럼

아프리카인들의 마음에도 칼로 벤 듯한 상처가 남았지요.

우리가 살고 있는 세계화 시대에는 점차 국경의 의미가 사라지고 사람과 자본 그리고 상품들이 자유자재로 세계 곳곳을 누빌 수 있게 되었어요. 우리에게 국경은 더 이상 큰 의미가 없지만 아프리카인들에게는 아직도 지켜야 할, 때로는 빼앗아야 할 아픔으로 남아 있으니 같은 시대를 살아가는 지구촌 가족으로서 미안하고 안타까운 마음이 드네요. 우리는 이런 역사를 반면교사 삼아 서로의 공간과 문화를 존중하는 마음을 가져 봅시다.

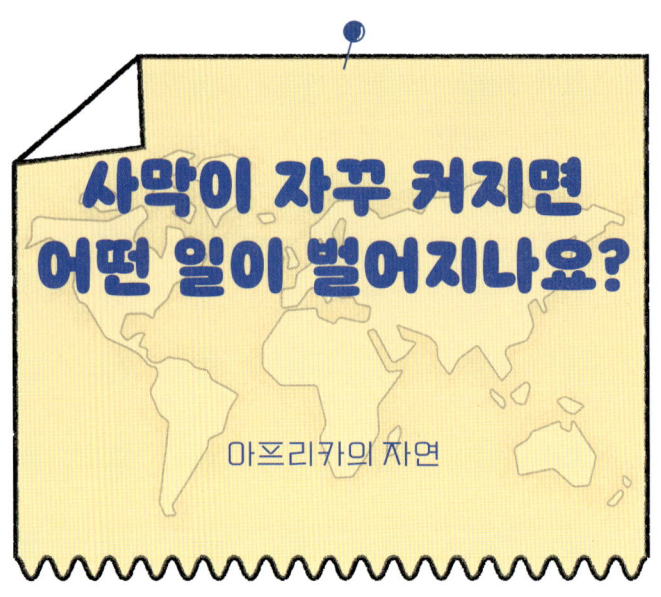

## 《어린 왕자》 속 사하라사막

생텍쥐페리(Antoine De Saint Exupery, 1900~1944)의 《어린 왕자》를 읽어 본 적이 있나요? 읽을 때마다 다른 감동이 느껴지는 이 작품은 긴 여운을 남기는 문장과 내용으로 전 세계 사람들의 꾸준한 사랑을 받고 있어요. 그리고 이 책의 주요 배경이 된 사하라사막은 많은 이들에게 동경의 대상이 되었지요. "사막이 아름다운 건 어딘가에 우물을 감추고 있기 때문이야." 라는 여우의 말이 사막을 더 신비롭고 감동적인 장소로 만들어 주는 것 같아요. 아마도 사람들은 순수한 마음이 있어야 찾을 수 있을 것 같은 사막의 오아시스를 기대하며 사막 여행을 꿈꾸는 게 아닐까요?

 앙투완 생텍쥐페리가 그린 어린 왕자의 모습

사막을 걷던 어린 왕자가 비행기를 수리하고 있는 조종사를 만나는 장면이에요.

사막은 전 세계에 퍼져 있어요. 그중 사하라사막은 아프리카 대륙 북쪽에 위치한 세계 최대 규모의 사막이에요. 한반도 면적의 약 40배에 이르는 규모라고 하니 얼마나 큰 사막인지 감이 오나요?

사실, 사하라 사막과 같은 건조한 지역은 생명체가 살아가기에는 너무 척박한 곳이에요. 게다가 일 년 내내 공기가 하강하는 기압대(고기압대)의 영향을 받다 보니 구름이 형성되지 않는답니다. 그럼 당연히 비가 내리기도 힘들겠죠? 그래서 사하라사막을 포함한 사막기후는 연 강수량이 250mm 미만으로 아주 적어요. 게다가 강한 일사로 강수량보다 증발량이 더 많아 물이 절대적으로 부족하지요. 이렇게 대기가 건조하다 보니 일 년 내내 맑은 날씨가 이어지죠. 하루 중 기온이 가장 높을 때와 가장 낮을 때를 비교한 수치를 일교차라고 부르는데, 사막은 일교차가 상당히 큰 지역 중 하나랍니다.

이 지역 주민들은 주로 헐렁하게 늘어진 천으로 온몸을 감싸는 형태의 옷을 입어요. 이러한 형태의 옷은 통풍이 잘되면서도 낮에는 강한 햇볕으로부터 피부를 보호하고 밤에는 보온 기능이 뛰어나 일교차가 큰 사막에서 유용해요. 그러고 보니 어린 왕자의 길고 헐렁한 옷이 사막에서 지내기에 완벽한 복장이었던 것 같네요. 큰 일교차로 밤이 되면 기온이 뚝 떨어지는 사막에서 어린 왕자의 긴 머플러도 추위를 견디는 데 도움을 주었을 것 같아요.

한편, 일교차가 큰 기후 조건은 풍화 작용도 활발하게 만들어 줍니다. 암석에 포함된 미량의 수분이 일교차에 의해 팽창과 수축을 반복하면서 암석이 작게 쪼개져 흙으로 변하는데 이 과정에서 사막에 쌓인 엄청난 양의 모래가 생성된 거예요. 암석, 자갈, 모래로 덮인 황무지인 사막은 나무와 풀이 자라기에는 어려운 조건이지만 오히려 그렇기 때문에 지표 그대로의 모습을 제대로 감상할 수 있다는 매력이 있어요. 또한 식생(나무와 풀)이 거의 없기 때문에 바람과 가끔 내리는 비에 의해 만들어진 유수가 지형을 크게 변화시키지요. 바람과 유수의 침식과 퇴적작용을 거쳐 만들어진 독특한 건조지형은 다른 곳에서는 볼 수 없는 독특한 모습이에요. 더불어 사막의 황량함이 주는 평온함도 큰 매력이지요.

　게다가 밤이 되면 사막은 이 세상 어느 곳보다 환상적인 공간으로 변해요. 사막의 공기는 건조하기 때문에 그 어떤 곳보다 청명하고 깨끗한 밤하늘을 만날 수 있어요. 새까만 밤하늘에 눈부시게 반짝이는 수많은 별들이 쏟아져 내리는 광경을 보고 있으면 우주 공간 속 어딘가에 떠 있다는 착각이 들 정도랍니다. 어린 왕자도 매일 밤 사막에 누워 자신의 혹성과 장미를 그리워했겠죠?

## 사하라사막이 넓어지고 있어요

그런데 원래도 큰 사하라사막이 사막화 때문에 점점 더 넓어지고 있다니 걱정이에요. 사막화란 사막 주변 숲과 초원 지역의 식생이 감소하고 토양이 황폐화되어 점차 사막으로 변하는 현상을 뜻합니다. 물론 사막화가 아프리카에서만 일어나는 현상은 아니에요. 하지만 전 세계의 사막화 지역 중 가장 심각한 상태라 꼽히는 곳이 사하라사막의 남쪽 지역, 바로 사헬지역이에요. 아랍어로 '가장자리'라는 뜻을 가진 이곳은, 동서의 길이가 4,800km, 남북 방향으로는 480~800km에 달해요. 원래는 초원 지역이었던 사헬지대는 1970년대부터 기후 변화로 인한 장기간의 가뭄과 인구의 급격한 증가 때문에 초원이 점차 사라지게 되었어요. 사실 사막화에 더 치명적인 원인은 인구 증가와 같은 인위적 요인이에요. 인구가 증가하면서 더 많은 농경지가 필요해진 사람들이 숲과 풀들을 제거하면서 땅을 개간했거든요. 그리고 더 많은 가축을 사육하기 위해 사막 주변의 건조한 지역까지 찾아가 과도하게 목축을 하였죠. 그 결과 숲이 사라지고 강력한 햇볕에 노출되어 수분이 말라버린 땅이 바람에 침식되면서 토양이 황폐해지는 사막화가 진행되었어요.

사막화가 빠르게 진행되면서 식량난도 문제로 떠올랐답니다. 사막화로 황폐해진 땅은 식량 생산 능력이 떨어지니 먹을 게 부족해 굶주리게 된 사람들이 늘어난 거죠. 또 물이 부족해지면서 수자원 확보를 두고 인접 국가나 부족 간 갈등이 일어나기도 했어요. 상황이 점점 심각해지자 아프리카 국가들은 사막화를 막지 못하면 아프리카 지역 대부분이 사람이 살지 못하는 땅으로 전락할 수 있다는 위기감을 갖게 되었어요.

### 바오바브 나무는 아프리카에 희망을 가져다줄까?

최근, 날이 갈수록 황폐해지는 사헬지대의 사막화를 막고 원래 땅으로 복구하기 위해 거대한 숲 장벽이 조성되고 있어요. 바로 '그레이트 그린 월(Great Green Wall)' 프로젝트입니다. 사하라사막 주변에 분포하는 에티오피아, 세네갈 등 아프리카의 20여 개 국가들이 참여하고 있어요. 프로젝트의 목표는 아프리카 서쪽 끝에 위치한 세네갈부터 아프리카 동부 홍해에 위치한 지부티까지 사하라사막 남쪽 지역을 관통하는 폭 15km, 길이 약 7,800km에 달하는 거대한 숲을 만드는 것이에요. 이 녹색 장벽이 계획

그레이트 그린 월(Great Green Wall) 프로젝트

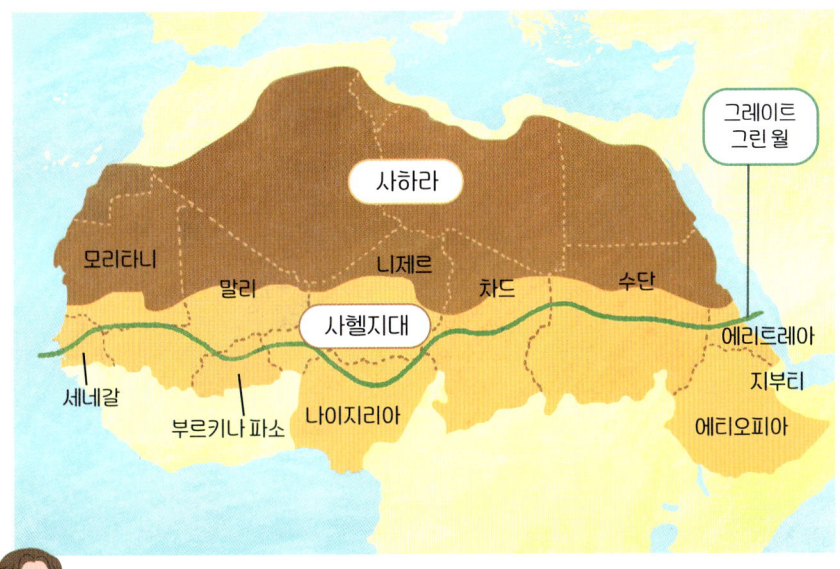

사헬지대의 사막화를 해결하기 위해 주변 아프리카 국가들이 협력하여
폭 15km, 길이 약 7,800km에 달하는 거대한
인공 숲을 만드는 프로젝트가 진행되고 있어요.

대로 조성되면 만리장성보다 약 1,400km 정도나 더 긴 인공 장벽이 완성된다고 해요.

숲이 조성되면 나무뿌리가 수분을 머금어 말라 버린 토양을 회복시킬 수 있어요. 하지만 이미 사막이 된 땅에 나무들이 안정적으로 뿌리내리기는 어려운 일이죠. 사람들은 '바오바브 나무'가 큰 역할을 하리라 기대하

## 생텍쥐페리가 그린 바오바브 나무와 실제 바오바브 나무의 모습

고 있어요. 바오바브 나무는 어린 왕자가 살던 소혹성 B612를 온통 엉망으로 만든 골칫거리 식물로 나오죠. 그래서 그저 상상 속 나무라고 생각했을 수도 있지만, 바오바브 나무는 실제로 존재한답니다.

바오바브 나무는 아프리카와 오스트레일리아에 모두 9종이 서식하는데, 이 중 6종은 아프리카 마다가스카르에서 자라고 있어요. 바오바브 나무는 여러 가지 면에서 놀라운 나무예요. 우선 눈길을 끄는 건 나무 윗부분에 몰려 있는 줄기가 마치 뿌리처럼 보이는 모습이에요. 그래서 사람들은 바오바브 나무를 두고 '신이 실수로 거꾸로 심은 나무'라고 한답니다. 게다가 5,000년 이상 살 수 있을 정도로 긴 수명과 생명력으로도 유명해요. 또 보통 키가 5~30m 정도로 어마어마한 크기를 자랑해요. 특히 몸통에는 물을 120t(톤)이나 담아 둘 수 있대요. 덕분에 오랜 시간 비가 오지 않아도 죽지 않는다고 하네요. 그래서 오랜 가뭄이 지속되고 있는 사헬지대에서도 살아남아 숲을 만들 수 있을 거라 기대하는 것이죠.

지금까지의 결과를 보면 '그린 월 프로젝트'는 상당히 희망적이에요. 이 프로젝트에 참여한 국가들의 땅이 회복되어 숲이 형성되고 있고 생태계가 되살아나 사라졌던 동물들도 다시 보이며 식량 생산성도 증가하고 있다고 해요. 또 숲 조성과 관련된 일자리도 늘어나 경제에도 긍정적인 영향을 미치고 있다고 하니 앞으로 이 프로젝트가 사하라사막과 사헬지대를 어떻게 바꾸어 놓을지 기대됩니다.

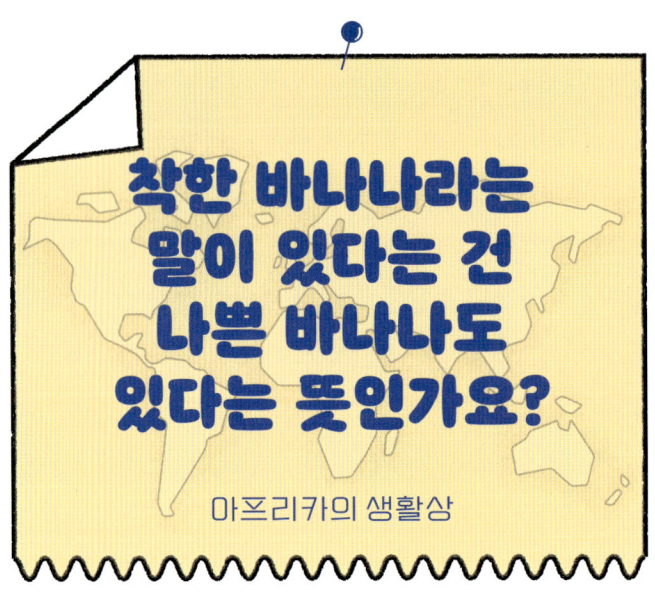

착한 바나나라는
말이 있다는 건
나쁜 바나나도
있다는 뜻인가요?

아프리카의 생활상

### 아프리카의 자연환경을 탐낸 사람들

우리는 늘 나쁜 것을 멀리하고 착하고 좋은 것을 가까이하라는 어른들의 말을 들으며 자라 왔어요. 사람뿐만이 아니라, 우리가 먹는 음식에도 착한 음식과 나쁜 음식이 있답니다. 그렇다면 도대체 어떤 음식이 착한 음식이고 어떤 음식이 나쁜 음식일까요?

아프리카에는 유럽과 미국이 가지지 못한 다양한 자연환경을 가지고 있어요. 여기에는 좋은 점도 있고 나쁜 점도 있어요. 우선 좋은 점은 유럽과 미국인들이 즐겨 먹는 커피와 카카오, 그리고 열대 과일이 열린다는 점이에요. 나쁜 점은 너무 덥고 습해 사람이 살기에는 좋지 않다는 점이죠. 서양인들의 입장에서는 안 좋은 기후를 견디며 아프리카에 정착하기보다는 그곳에서 생산되는 다양한 식재료만 골라서 자기들의 식탁 위로 올리기를 원했어요. 그래서 고안해 낸 농업 방식이 바로 플랜테이션이랍니다.

플랜테이션이란 유럽이 가진 풍부한 자본과 기술에 열대 아프리카 지역의 기후와 값싼 노동력을 결합해 특정 농산물을 대량 생산하는 농업 방식을 일컬어요. 현재도 이러한 농업 방식이 아프리카 곳곳에서 이뤄지고 있어요. 수많은 아프리카 사람들이 정당한 대가를 얻지 못한 채 오늘도 굵은 땀방울을 흘리며 열심히 일하고 있답니다. 2차 세계대전 이후 식민 지배를 받던 나라들이 하나둘 독립했지만 유럽과 미국은 플랜테이션 농장의 경영권을 놓치고 싶지 않았어요. 결국 다국적기업을 진출시켜 지금까지도 계속해서 아프리카에서 농업을 이어 나가고 있지요. 이러한 방식으로 생산하는 대표적인 작물은 카카오, 커피, 차, 바나나, 담배와 같이 우리가 즐겨 먹는 음식뿐만 아니라 천연고무, 면화 등 우리의 일상에 큰 변화를 준 품목까지 아주 다양하답니다.

플랜테이션 농업은 대부분 선진국으로 수출하는 방식이기 때문에 아프리카 사람들이 당장 먹고 살아야 할 쌀과 밀 같은 식량 작물이 아닌, 시장에 내다 팔기 위한 상품작물을 주로 생산하게 돼요. 그러다 보니 아프리카 사람들은 엄청난 규모의 농산품을 수출하지만 정작 자신들이 먹어야 할 식량 자원은 부족하다는 문제에 직면하게 됩니다. 또 상당한 규모의 자본과 기술을 가진 상대에게 의존할 수밖에 없는 경제구조를 가지게 됨에 따라 노동력 착취나 아동노동 등의 인권 문제가 발생하더라도 문제를 제기하기 어려운 상황에 놓여 있죠. 하지만 가장 큰 문제는 그들이 하는 노동에 대한 충분한 대가를 받지 못한다는 데 있답니다. 그렇다면 그들이 얼마나 부당한 대우를 받으며 일을 하고 있는지 한번 알아볼까요?

## 우리가 먹는 맛있는 바나나의 서글픈 진실

아프리카에서 바나나 농사를 지으며 살고 있다면 아마도 땅을 가지고 있는 것이 아니라 유럽이나 미국의 대기업이 운영하는 바나나 농장에서 일을 하고 있을 확률이 높아요. 자신의 농장에서 생산된 바나나를 하나를 키우는 데는 300원이 들지만 고작 100원을 받고 파는 일도 있어요. 200원이나 손해를 봤기 때문에 마음이 아파도 손해를 감수해야만 해요. 정작 유럽에서는 100원에 팔았던 바나나가 3,000원에 팔릴 확률이 높아요. 만약 바나나를 직접 유럽에 가져와 팔았더라면 무려 2,700원의 수익을 얻을 수 있었을 텐데 말이에요. 하루 종일 바나나를 생산해서 받는 돈은 한 송이당 100원인데 유럽에서 3,000원에 팔리고 있다면 과연 누가 2,900원을 가지는 것일까요?

다행스럽게도 이 부당한 상황을 개선하려고 노력하는 사람들이 생겨났답니다. 힘들게 일하고 있는 아프리카의 농부들이 정당한 보상을 받고 일을 할 수 있게 하겠다고, 이들이 피해를 입는 것을 더 이상 지켜볼 수 없다고요. 바나나를 생산해 마트에서 팔기까지는 여러 사람을 거치게 돼

3,000원짜리 바나나를 팔면 누가 얼마를 가져갈까?

바나나 농부
100원

바나나농장 주인
500원

산적처리업자
400원

수입업자
700원

대형마트 주인
1300원

바나나 이외에 공정 무역이 필요한 아프리카 농산품

1. 커피: 아프리카에서 커피의 90%가 소규모 땅에서 재배되고 있으며 4,000만 명이 커피 경작에 생계를 의존하고 있습니다. 그중 1,500만 명이 에티오피아인 입니다. 다국적 커피 기업 3개 회사가 전 세계 커피 판매의 42%를 차지하고 있습니다.
2. 코코아: 아프리카 코트디부아르, 가나가 세계 코코아의 대부분을 생산하고 있습니다. 두 나라의 코코아 생산자는 무려 1,000만 명에 이르지만 이들은 최빈층에 속하며 하루에 단 2달러로 살아가고 있습니다. 전 세계 9개의 회사만이 코코아의 공급과 판매를 통제하고 있어요.

요. 농사를 짓는 농부와 농장 주인, 그리고 이를 수출하기 위해 배에 바나나를 싣고 옮기는 사람들, 또 아프리카에서 생산된 바나나를 유럽에 팔기 위해 협상을 벌이는 수입업자와 마지막으로 바나나를 파는 대형 마트의 사장까지 총 다섯 사람이 바나나의 생산부터 판매까지 연관되어 있어요.

이들이 이 과정에서 얼마씩 가져가는지 농부의 입장에서 한 번 알아볼까요? 농부는 단 100원을 버는 동안 농장 주인은 무려 500원이나 가져가요. 억울해도 땅을 가지고 있고 비료를 구매하는 등 돈을 많이 쓰니까 이해하기로 하지요. 또 이를 배에 싣고 옮기는 일을 하는 사람은 400원을 가져가요. 그 사람보다 훨씬 어려운 일을 하고 있는 농부는 자신보다 4배나 많은 돈을 버는 사람을 보고 충격에 빠지게 되지만, 선박 유지 및 연료를 사야 하기에 그런가보다 이해하기로 해요. 그러나 농부는 농장 주인과 마트를 연결해 주는 수입업자가 700원이나 가져가는 것을 보고 더 큰 충격을 받아요. 무더운 여름날 땀을 흘리며 일하지 않는 그가 무려 7배의 소득을 더 얻는다니 이해하려 해도 도저히 이해할 수가 없어요. 지금까지 4명이 가져간 돈이 총 1,700원이니 마지막 남은 대형 마트의 사장은 1,300원을 가져가는 거네요. 마트 사장은 직원을 고용해서 임금을 지불해야 하고 바나나를 관리하고 광고도 해야 하지만 아무리 생각해 보아도 이런 수익 구조가 이해되지 않아요. 도대체 무엇이 이렇게 불공평하게 수익을 나누게 했을까요? 이는 바나나의 90%가 대규모 농장을 통해 생산되고 있고, 국제 이동을 주도하는 다섯 개의 기업이 무려 75%의 바나나 무역을 통제하기 때문에 발생한 일이에요. 그래서 바나나를 옮기고 판매할 힘이 없는 아프리카 사람들은 그들이 만들어 놓은 질서에 그저 따를 수밖에 없었던 거죠.

## 모두가 행복한 바나나를 위한 노력

우리는 이런 불합리한 방식을 개선하고 땀 흘려 일하는 농부에게 기쁨과 웃음을 주고자 공정 무역이라는 새로운 방식을 찾아내었어요. 즉 농부에게 정당한 대가를 지불하는 방식이죠. 중간 구매자를 거치지 않고 농부가 직접 거래할 수 있게 해 줌으로써 중간 유통비를 농부에게 지불하거나, 최소 6개월에서 최대 1년 간 농작물 구입을 약속하는 거래 관계를 바탕으로 농부에게 안정된 수입을 보장해 주는 방식이죠. 또 가격 변동을 최소화하고 일정한 최저 보장 가격을 제공해 농부에게 최소한의 인간다운 삶을 보장하고 있답니다. 이밖에도 아동 노예와 강제 노동을 금지하는 것도 공정 무역에서 아주 중요한 원칙 중 하나랍니다. 우리는 이러한 무역을 바탕으로 농부들의 권리를 보호하고 지속 가능한 경제 환경을 만들기 위해 노력하고 있어요.

  우리가 오늘날 먹고 있는 많은 음식은 누군가의 희생이 빚어낸 값진 것들이에요. 그들의 아픔을 모두 이해하기는 어렵겠지만 최소한 그들이 땀 흘려 만든 모든 것들을 소중히, 그리고 감사한 마음을 담아 소비하고 먹어야겠죠. 우리가 살고 있는 이 세상의 모든 사람이 정당한 대가를 얻고 그 대가로 최소한의 인간다운 삶을 살 수 있다면, 우리는 더 이상 싸울 일도, 서로를 미워할 일도 없을 거예요. 앞으로는 공정 무역 마크가 찍힌 상품을 구입해 지구촌 모든 사람들이 행복한 세상을 만들어 보아요.

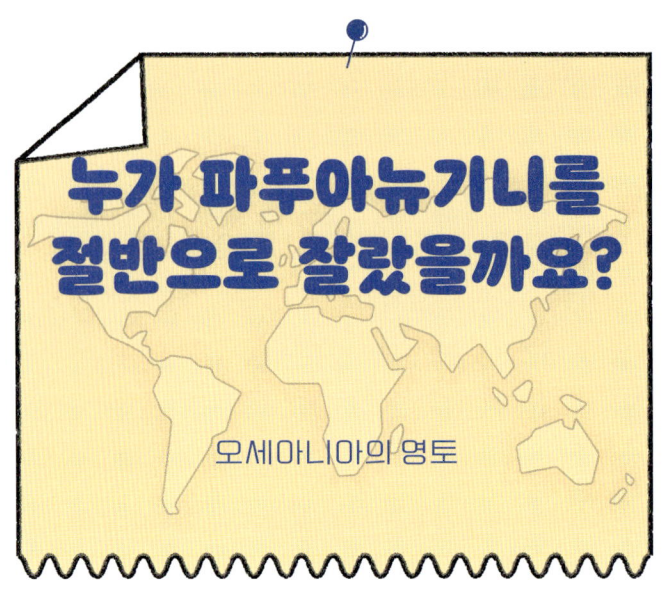

누가 파푸아뉴기니를 절반으로 잘랐을까요?

오세아니아의 영토

### 단순한 국경 속에 담긴 복잡한 이야기

두 구역의 경계가 단순하면 제3자의 입장에서는 참 깔끔해 보여요. 하지만 때로는 단순할수록 더 복잡한 이야기를 가지고 있는 경우도 있습니다. 특히 국경이란 지리적 요소로 인해 복잡하게 그어진 경우가 대부분이라 단순하게 그어진 국경에는 하나같이 얽히고설킨 이야기가 담겨 있죠. 지도를 통해 국경을 바라보는 사람과 달리 그곳에 사는 사람들은 우리가 상상하는 것보다 훨씬 더 많은 아픔을 가지고 있어요.

세계지도를 보고 있으면 국경이 참 단순하게 그어진 곳들이 종종 보여요. 그중 오세아니아 대륙에서 오스트레일리아 다음으로 큰 나라 파푸아뉴기니가 바로 여러분이 호기심을 가질 만한 국경이 그어진 나라예요. 고구마처럼 옆으로 길게 누워 있는 섬나라 파푸아뉴기니는 두 명이 나눠 먹으려고 자른 고구마라 생각해도 될 만큼 정중앙을 딱 잘라 국경이 그어져 있어요. 일부러 칼로 저렇게 잘랐다 해도 믿을 만큼 곧게 그어져 있죠. '단순함 안에는 복잡함이 있다.'라는 말 잊지 않았죠? 뉴기니 섬의 정중앙을 칼로 잘라 버린 사람은 도대체 누구일까요?

## 둘로 나누어진 파푸아뉴기니의 역사

파푸아뉴기니는 사실 나라 이름부터 반으로 잘려 있어요. 파푸아(Papua)는 이 나라의 인구 구성 중 가장 많은 비중을 차지하는 멜라네시아인들의 곱슬머리를 뜻하는 말이에요. 뉴기니(New Guinea)는 말 그대로 새로운 기니를 뜻해요. 그렇다면 새로운 기니 전에 오래된 기니가 있어야겠죠? 그 기니는 바로 아프리카 대륙 서쪽에 있는 기니라는 나라입니다. 이 나라 앞에는 내륙 쪽으로 움푹 파인 곳이 있는데 우린 이곳을 기니만이라고 부르기도 하죠. 그렇다면 어쩌다 지구 반대편에 있는 아프리카의 기니가 새로운 기니가 되어 오세아니아 대륙으로 넘어왔을까요?

이 모든 역사를 알기 위해선 16세기 초반으로 거슬러 올라가야 합니다. 사실 이 섬이 유럽에 알려진 시기가 바로 이때거든요. 1545년 스페인의 한 탐험가가 아프리카 해안의 사람들과 이 섬의 사람들이 너무나 닮았다며 섬의 이름을 뉴기니(New Guinea)라고 불렀어요. 정확한 의미를 따지자면 새로운 기니는 기니라는 나라보다는 해안가에 사는 사람을 일컫는다는 것을 알 수 있죠. 이후 네덜란드와 영국이 이곳을 식민지화하면서 본격적으로 갈등의 불씨가 피어나기 시작합니다. 하지만 당시 유럽의 국가들은 다른 대륙에서 국경을 두고 싸우거나 갈등을 빚지 않았어요. 그들이 사는 곳 밖의 세상에서 굳이 다투면서까지 더 많은 것을 얻고 싶어 하지 않았기 때문이죠. 그래서 그들은 늘 그들이 해 오던 방식대로 아주 단순하게 자신들의 영역을 자로 잰 듯 절반으로 잘라 분할통치하게 되었어요. 즉 그들에게 다른 나라의 국경은 오직 그들의 통치를 편하게 해 주는 하나의 수단에 불과했던 거죠.

지금 우리가 살아가는 세상에서는 상상도 못할 일이었지만 그렇게 그어진 국경이 세계 곳곳에 아직까지도 많이 남아 거주민들의 삶에 큰 영향을 끼치고 있답니다. 이후 독일까지 이곳을 호시탐탐 엿보다 1850년대에 이르러 그 영향력을 뻗치기 시작했어요. 결국 평화적인 협정을 바탕으로 1885년 독일과 영국은 다시 한 번 사이좋게 그들의 구역을 나누게 돼요. 그때 이들이 뿌려 놓은 씨앗은 지금까지도 그 존재를 드러내고 있어요. 파푸아뉴기니의 동쪽 여러 섬으로 둘러싸인 비스마르크해는 독일의 정치가 비스마르크의 이름을 따서 붙인 이름입니다. 또 그 바다 주변의 섬들은 뉴아일랜드섬, 뉴브리튼섬이라는 이름을 가지고 있는데 이는 영국의 영향을 받았다는 증거예요. 물론 이 섬을 최종적으로 통치한 오스트레일리아로부터 1975년 완전한 독립에 이르렀지만 이 지역은 아직도 갈등의 불씨가 꺼지지 않은 채로 남아 있답니다.

파푸아뉴기니의 국경과 기니만의 모습

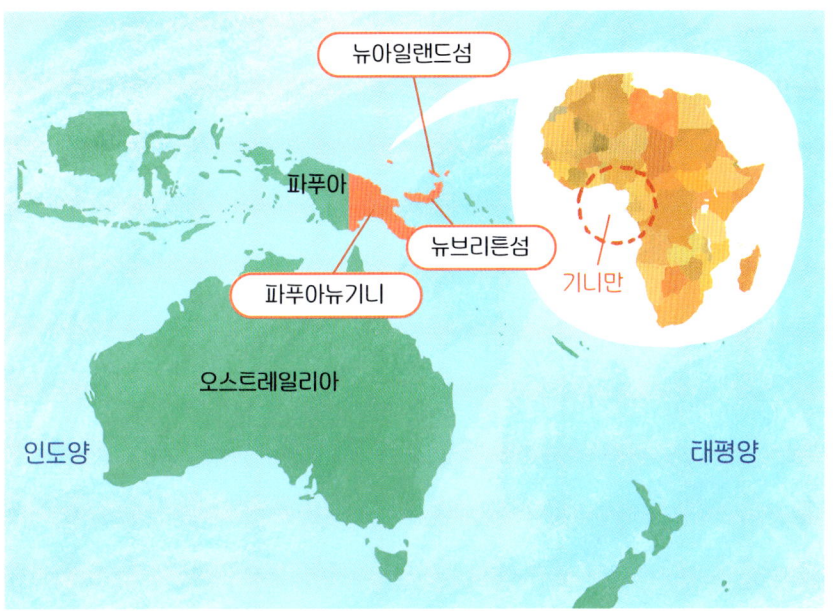

## 완전한 독립을 꿈꾸는 파푸아뉴기니의 현재

파푸아뉴기니 섬은 파푸아뉴기니와 파푸아(서뉴기니)라는 두 개의 지역으로 쪼개져 있어요. 특히 이 파푸아 지역은 완전한 의미의 독립을 이루기 위해 지금까지 노력하고 있는데요. 이 지역은 원래 네덜란드가 식민 지배를 했던 곳입니다. 그러다 제2차 세계대전이 발생하고 얼마 지나지 않아 일본군이 이 지역을 아주 짧게나마 점령하게 돼요. 하지만 전쟁이 끝나고 얼마 후 다시 네덜란드가 이 지역의 통치권•을 가져오게 됩니다. 그 후 식민지들이 속속 독립을 시작하면서 1962년 이 섬과 인접한 국가인 인도네시아가 네덜란드에 이곳을 자신들의 땅으로 포함시켜 줄 것을 부탁합니다. 네덜란드는 이를 받아들였고 결국 파푸아라는 섬은 인도네시아의 일부분으로 독립을 이루게 됩니다.

문제는 이 과정에서 이 지역 주민들의 의견이 전혀 반영되지 않았다는 것입니다. 1969년 파푸아 지역을 인도네시아로 포함시킬 것인지에 대해 국민투표가 시행되었지만, 이 투표에 참여할 수 있는 사람은 투표에 찬성하는 남자뿐이었어요. 군대의 감시하에 시행된 이 투표는 결국 만장일치로 파푸아 섬을 인도네시아의 한 지역으로 포함시켰어요. 문제는 파푸아 지역의 주민들은 인도네시아에 살고 있는 아시아권 사람들과 혈통이 완전히 다르다는 거예요. 파푸아 지역은 멜라네시아계 사람들로 구성되어 있어 생김새부터 문화까지 완전히 다른 모습을 하고 있답니다. 뿐만 아니라 대부분 이슬람교를 믿는 인도네시아 사람들과는 달리 파푸아 지역은 과거 식민 지배의 영향으로 기독교 문화가 자리 잡고 있어 종교 간의 갈등 또한 피할 수 없었죠. 이렇게 완전히 다른 모습을 한 두 지역이 하나의 나라로 묶여 있는 것 자체가 참 불편해 보이지만, 사실 인도네시아의 입장에서는 그리 낯선 상황은 아니랍니다. 인도네시아에는 약 300여 종의 민족이 섞여 살고 있어요. 그들에게 파푸아 사람들은 단지 여러 민족 중 하나일 뿐이지요. 그 정도로 대수롭지 않아 보이지만 실제로 파푸아의 독립을 승인하면 인도네시아의 수많은 종족이 뒤따라 독립을 요구

● 통치권: 국민과 국토를 다스리고 지배할 수 있는 권리를 말해요.

할 수 있어 인도네시아 입장에서는 파푸아 지역이 최고의 골칫거리일 수밖에 없어요. 이를 방지하고자 인도네시아 정부에서는 2015년부터 본토에 있는 자국민의 파푸아 이민을 적극 권장하며 해당 지역 원주민의 영향력을 줄이려고 노력하고 있지만, 강압적이고 폭력적인 정책이 뒤따르면서 많은 비판을 받고 있는 것도 사실이랍니다. 2020년 12월 1일, 파푸아는 인도네시아와 전혀 협의하지 않은 채 자체적인 임시정부를 구성하고 독립을 선언해 버렸습니다. 파푸아뉴기니를 상징하는 슬로건인 '다양성 속의 통일(Unity in Diversity)'이 과연 그들의 국경처럼 단칼에 잘려 버릴지 아니면 잘린 부분이 봉합되어 하나가 될지 지켜보아야 할 일입니다.

과거 다른 문화에 대해 잘 알지 못해 발생한 폭력의 잔재●는 지금도 여러 나라에 상처를 안겨 주고 있어요. 앞으로 하나의 지구 안에 살아가야 하는 세계시민이라면 과거의 잘못을 인정하고 사과해야 완전한 의미에서 하나가 될 수 있겠죠? 부끄러운 과거를 그냥 두면 끝까지 부끄러워해야 하지만, 그 과거를 인정하고 사과한다면 아픈 과거를 이겨 낸 성숙한 세계시민이 될 수 있을 거예요.

● 잔재: 남아 있는 찌꺼기를 말해요.

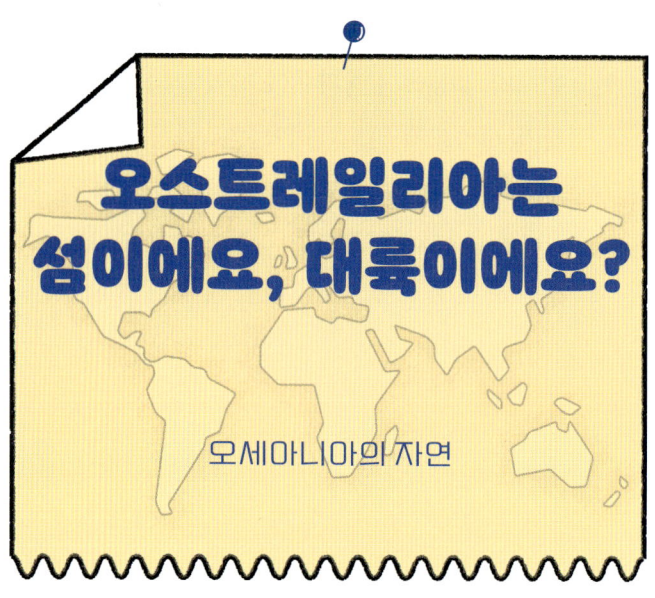

## 오스트리아에는 캥거루가 없어요

"오스트리아에 캥거루가 없다고요? 왜요?"

순간 이런 생각을 한 친구라면 아마도 오스트리아와 오스트레일리아를 혼동했기 때문일 거예요. 그렇다고 너무 민망해할 필요는 없어요. 생각보다 많은 사람이 유럽의 오스트리아 관광청으로 '캥거루는 어디서 볼 수 있나요?'라고 문의한다고 해요. 아마도 두 나라의 영어식 표기인 오스트레일리아(Australia)와 오스트리아(Austria)의 철자와 발음이 비슷해서

그린란드 섬과 오스트레일리아 대륙 크기 비교

 섬의 기준이 된 그린란드와 그보다 훨씬 큰 오스트레일리아의 모습이에요.

생기는 혼란일 거예요. 그런데 오스트리아는 오히려 이 질문에서 아이디어를 얻어, '오스트리아에는 캥거루가 없습니다(NO KANGAROOS, IN AUSTRIA).'라는 문구와 캥거루 모습이 새겨진 티셔츠 등을 제작하여 관광 상품화를 했다고 해요. 이 상품들이 입소문을 타며 인기를 끌어 오스트리아를 대표하는 여행 기념품이 되었어요. 우리나라에서는 오스트레

일리아의 긴 국가 명칭과 오스트리아와의 발음 유사성 때문에 '호주'라는 명칭을 더 많이 사용하고 있어요.

그럼 진짜 캥거루가 사는 나라에 대해 알아볼까요? 세계지도에서 우리나라로부터 남쪽으로 계속 내려가다 보면 아주 큰 섬나라 오스트레일리아를 만나게 됩니다. 오스트레일리아는 면적이 세계에서 여섯 번째로 큰 나라(774만 1,220㎢)예요.

그런데 이렇게 큰 오스트레일리아는 섬일까요? 대륙일까요? 대륙과 섬의 기준을 정할 당시, 유럽인들은 오스트레일리아의 존재를 몰랐던 관계로 '그린란드보다 크면 대륙, 그린란드 이하면 섬으로 하자.'고 정했어요. 하지만 이 조항을 정한 후 오스트레일리아 대륙의 존재가 알려지게 되었고 그 크기가 그린란드 면적(216만 6,086㎢)의 약 3배에 이른다는 것이 드러났지요. 이렇게 해서 오스트레일리아는 전 세계에서 유일하게 대륙을 통째로 차지하는 나라가 된 거예요. 그리고 그 주변 국가들과 함께 '오세아니아'라고 불리는 대륙이 되었답니다. 만약 섬과 대륙의 기준을 정할 때 오스트레일리아의 존재를 알았다면 오스트레일리아가 기준이 되었을 수도 있어요. 그럼 우리가 알고 있는 대륙의 수도 달라졌겠죠?

### 캥거루섬에 가면 진짜 캥거루를 만날 수 있나요?

오스트레일리아는 엄청난 크기의 땅 덩어리(한반도의 약 35배)를 자랑하지만 전체 인구는 약 2,600만 명(2022년 기준)에 불과해요. 넓은 국토 면적에 비해 인구 규모가 적은 편이지요. 국토의 80% 이상이 인간이 거주하기

## 오스트레일리아에 사는 동물 삼총사

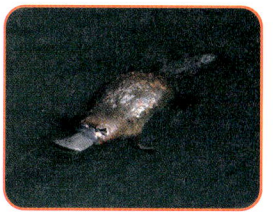

캥거루  코알라  오리너구리

오스트레일리아는 다른 대륙들과 멀리 떨어져 있어 독특한 동물들이 많이 살고 있답니다!

힘든 건조기후라는 점이 크게 영향을 미쳤답니다. 대신 오스트레일리아의 자연은 아직 인간의 손길이 닿지 않은 곳이 많아서 그 어느 곳보다 잘 보존되어 있어요. 덕분에 천혜의 자연을 그대로 만날 수 있는 곳이 많지요.

특히 오스트레일리아는 원래 한 덩어리였던 지구의 땅들이 떨어져 나가는 과정에서 다른 대륙들과 멀리 떨어져 고립되어 있었기 때문에 캥거루, 코알라, 오리너구리 등 다른 대륙에서는 찾아보기 힘든 독특한 동물과 식물이 분포하는 곳으로 유명해요. 그중 가장 상징적인 동물은 단연 캥거루죠! 그래서 오스트레일리아 축구 국가 대표 팀을 '사커루', 오스트레일리아와 유럽을 오가는 항공 노선을 '캥거루 루트'라고 불러요. 우리나라에서는 동물원에서나 볼 수 있는 캥거루이지만, 오스트레일리아에 가면 자연 속에서 뛰노는 야생 캥거루를 만날 수 있답니다.

    오스트레일리아에서는 곳곳에서 캥거루를 만날 수 있지만 그중 가장 대표적인 곳은 캥거루섬이에요! 기억하기 좋은 이름을 가졌죠? 제주도보다 2배 이상 큰 캥거루섬에는 캥거루뿐만 아니라 코알라, 왈라비, 고래, 바다사자 등 다양한 동물들의 보금자리가 있어요. 이 캥거루섬에 있는 국립공원과 보호구역에서 동물들을 만나려면 반드시 전문 가이드의 안내를 받아야 하고 지켜야 할 규칙도 많아요. 여행자의 입장에서는 다소 불편하게 느껴질 수도 있죠. 이렇게 자연에 방해되지 않도록 운영되는 방식의 여행을 생태 관광(Eco Tour)이라고 합니다. 오스트레일리아에서는 많은 곳에서 생태 관광을 모범적으로 시행하고 있어요. 생태 관광은 그 땅의 주인인 동물들을 위해 조심스러운 마음가짐과 행동을 함으로써 자연과 환경의 소중함을 느끼게 해 주는 특별한 방식의 여행이에요. 이런 과정을 통해 잘 보존된 환경은 지속적으로 사람들에게 자연만이 선사할 수 있는 감동적인 여행을 약속하죠.

## 매일매일 모습이 바뀌는 매력적인 해안지형

오스트레일리아는 국토의 사면이 모두 바다로 둘러싸여 있어서 다양한 해안지형을 관찰하기에 좋아요. 규모로 보나 아름다운 정도로 보나 세계 최고라고 자부할 만한 곳들이 아주 많답니다.

    육지와 바다가 만나는 곳을 해안이라고 합니다. 해안에서는 파랑, 바

## 오스트레일리아의 해안 지형

A. 대보초 해안    B. 골드코스트    C. 12사도 바위

A-대보초 해안(Great Barrier Reef)은 오스트레일리아 북동 해안에 위치하고 있어요. 이곳은 한반도 면적 정도의 세계 최대 산호초 지대입니다. 최근에는 기후변화 등의 이유로 위기에 처해 있어요.

B-골드코스트(Gold Coast)는 약 5km에 걸쳐 펼쳐진 아름다운 모래 해변이에요. 세계적인 휴양지로 많은 사람들이 방문하지요.

C-12사도 바위는 석회암으로 된 암석 해안에 파랑의 침식작용이 활발하게 일어나 만들어졌어요. 현재 8개만이 남아 있지만, 앞으로 이곳의 돌기둥은 새롭게 생겨나기도 하고 무너지기도 할 거예요.

람, 밀물과 썰물 등의 영향을 받아 다양한 해안 지형이 만들어져요. 그중 파랑(wave)은 우리가 흔히 파도라고 부르는 것으로 기본적으로 바람에 의해 형성되지요. 여러분도 그릇에 담긴 물의 표면에 입으로 바람을 불면 금방 파랑과 같은 물결을 만들 수 있을 거예요. 파랑은 해안에 도달하여 해안 지형을 형성하는 기본적인 힘으로 작용하며 쉴 새 없이 해안의 모습을 변화시켜요.

해안에서도 육지가 바다를 향해 튀어나온 부분을 '곶'이라고 해요. 여기서는 파랑에너지가 강하게 작용하지요. 순간 강한 힘을 써서 무언가가 부서지거나 찢어진 경험이 있지 않나요? 비슷한 원리로 파랑에너지가 강한 곳은 암석을 깎아 내는 침식작용이 활발해요. 그래서 침식작용이 주로 일어나는 해안에서는 파랑이 바위를 조각하듯 깎아 만든 해안 절벽부터 독특한 형태의 바위들이 펼쳐진 근사한 풍경을 만날 수 있어요. 오스트레일리아에서 유명한 침식 해안으로는 12사도 바위 해안(처음 발견 당시 예수님의 열두 제자처럼 12개의 기둥 바위가 있었다고 해요)이 있어요. 지금은 파랑의 계속된 침식작용의 결과 일부 바위가 무너져 버려 8사도만 남아 있지요. 지금 이 순간에도 12사도 바위 해안의 바위들은 조금씩 깎이며 그 모습이 변모하고 있어요. 그러니 우리가 언제 방문하든 늘 새로운 모습으로 맞이해 줄 거랍니다.

반면 육지 쪽으로 쑥 들어간 해안은 '만'이라고 해요. 파랑은 곶에서 침식작용을 하며 에너지를 사용해 버리므로 만에 다다르면 에너지가 약해져요. 그래서 만 부근에는 모래나 진흙 같은 물질들이 멈춰서 쌓이는 퇴적작용이 일어나요. 대표적인 퇴적 지형이 모래가 쌓여 있는 사빈이에요.

## 해안지역의 다양한 지형들

석호: 사주가 만의 입구를 막으면서 바다와 분리된 호수예요.
해안 사구: 사빈의 모래가 바람에 날려 내륙 쪽으로 쌓인 모래 언덕이에요.
사빈: 파랑과 연안류가 운반한 모래가 해안에 퇴적되어 생긴 지형이에요.
해식애: 파랑의 침식을 받아 형성된 절벽이에요.
파식대: 파랑의 침식을 받아 바다 쪽으로 평평하고 완만하게 펼쳐진 지형이에요.
사주: 사빈의 모래가 연안류를 따라 길게 퇴적된 지형이에요.
육계사주: 육지와 육계도를 잇는 사주입니다.
육계도: 사주가 성장하여 육지와 연결된 섬입니다.
해식동굴: 기반암이 파랑의 침식을 받아 깎여 형성된 동굴입니다.
시 아치: 파랑의 침식으로 형성된 아치 모양의 지형입니다.
시 스택: 기반암이 파랑의 침식을 받아 육지에서 분리된 기둥 모양의 바위입니다.

보통 우리가 해수욕을 즐기러 가는 모래 해변이지요. 오스트레일리아에는 '골드코스트(Gold Coast)'라는 눈부시게 아름다운 모래 해변이 있으니 우리나라가 겨울철일 때 추위를 피해 이곳을 방문한다면 남반구의 여름 바다를 만끽할 수 있을 거예요.

오스트레일리아 북동부 해안에 펼쳐진 세계에서 가장 넓은 산호초 지대인 대보초 해안(大堡礁, 그레이트 배리어 리프Great Barrier Reef)도 빠트릴 수 없죠. '대보초를 경험하지 않고 돌아온다면 파리에서 에펠탑을 보지 않고 온 것과 다르지 않다.'는 말이 있을 정도로 오스트레일리아를 대표하는 곳이랍니다. 대보초 해안은 한반도 면적과 맞먹는 크기로 인공위성에서도 보인다고 해요. 또 산호초를 둘러싸고 있는 플랑크톤이 광합성을 통해 이산화탄소를 흡수하고 산소를 만들어 내기에 바다의 열대우림이라고도 불립니다. 그리고 산호초는 많은 어류와 동물들의 서식처가 되어 주고 있죠. 대보초 해안은 빼어난 경관과 규모, 생태학적 가치를 인정받아 일찌감치 유네스코 세계 자연유산에 등재되었어요. 그런데 지구 온난화가 심각해지면서 이곳의 바다 수온도 크게 상승해 산호초가 흰색으로 변하여 죽는 백화현상이 심각하게 나타나고 있어요. 산호초가 사라지면 그곳을 보금자리로 삼았던 동식물들도 살아남기 어려워져 심각한 생태계 파괴로 이어져요. 최근 들어 대보초 해안의 백화현상의 정도가 심각해지자 세계유산 박탈 위기 지역으로 언급되기도 했어요. 자연이 주는 아름다움을 당연하게만 여기지 말고 소중히 지켜 나갈 책임감도 함께 가져야 할 것 같아요.

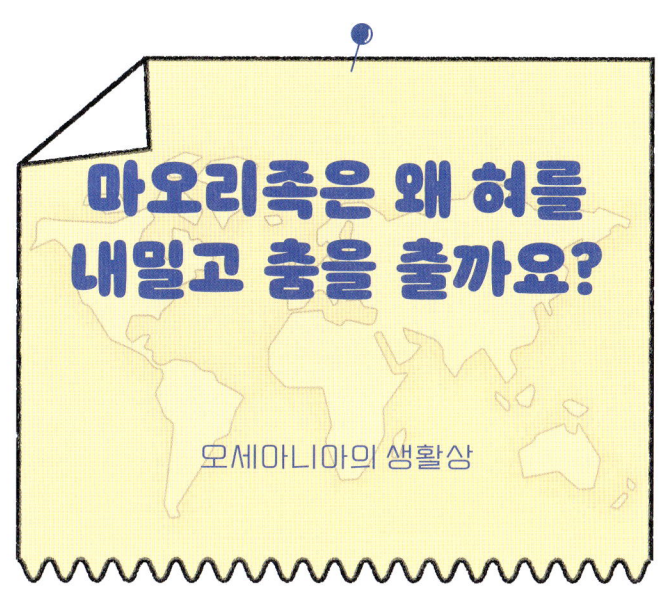

# 마오리족은 왜 혀를 내밀고 춤을 출까요?

오세아니아의 생활상

## '뉴'질랜드 vs. 길고 긴 흰 구름의 땅

신대륙의 많은 지명이 그렇듯 '뉴질랜드(New Zealand)'라는 나라 이름에도 유럽인들의 신대륙 개척 역사가 반영되어 있어요. 1642년 뉴질랜드를 찾은 최초의 유럽인은 네덜란드인 아벌 타스만(Abel Tasman)이에요. 그는 자신의 고향 제일란트의 이름을 따서 '노바젤란디아(Nova Zeelandia)'라고 명명하였고 이후 영어식으로 뉴질랜드로 불리게 된 것이에요. 타스만

● 명명: 사람이나 사물, 사건 등에 이름을 지어서 붙인다는 말이에요.

이후 뉴질랜드를 찾은 영국의 탐험가 제임스 쿡(James Cook, 1728~1779) 선장이 1769~1777년에 걸쳐 여러 차례 오세아니아 지역을 답사한 뒤부터 뉴질랜드는 본격적으로 세계지도에 등장하게 되었어요.

사실 유럽인들이 뉴질랜드를 '발견'했다고 말하기 전부터 그곳에는 사람들이 살고 있었어요. 바로 폴리네시안(Polynesian)의 한 종족인 마오리족이었지요. 지금으로부터 약 1,000년 전 무렵 뉴질랜드에 도착한 마오리족은 그 땅을 '흰 구름이 길게 드리운 곳'이라는 뜻의 '아오테아로아(Aotearoa)라 불렀지요. 아름다운 자연 속에서 평화롭게 살아가던 마오리족에게 1840년부터 시작된 영국 식민화는 큰 위기였어요. 당시 12만 명 규모였던 마오리족 인구가 토지를 두고 벌어진 영국과의 전쟁과 전염병으로 급격히 줄어들어 4만 2,000명 수준까지 떨어질 정도였으니까요.

다행히 영국은 다른 식민지들과는 달리 마오리족과의 갈등을 해결하고 공존하고자 노력했어요. 그래서 식민지 회의에 마오리족 대표를 참가시키기도 했죠. 하지만 백인들과 함께 생활하게 되면서 마오리족의 풍습은 급속히 서구화되기 시작했어요. 이에 위기감을 느낀 뉴질랜드 정부에서는 정책적으로 마오리 문화 보존에 힘쓰기 시작했지요. 덕분에 우리는 지금도 여전히 뉴질랜드에서 마오리 전통문화를 접할 수 있는 거랍니다. 이후 마오리족 인구는 안정적으로 늘어나 현재는 뉴질랜드 전체 인구 500만 명 중 13%인 65만 명을 차지하고 있어요. 또 뉴질랜드는 영어와 마오리어 두 가지 모두를 공용어로 채택하여 마오리족의 언어 전통을 유지할 수 있도록 노력하고 있습니다.

## 마오리족 전사의 춤에서 국민 모두 함께하는 '하카'로

뉴질랜드는 전체 인구가 500만 명밖에 되지 않지만 120개 민족이 한데 어우러져 사는 나라예요. 한 국가 내에서 다양한 문화들을 인정하고 존중하는 다문화주의를 표방°해 오고 있지요. 그래서인지 뉴질랜드인의 상징색은 검은색이에요. 모든 색을 다 섞으면 검은색이 된다는 사실을 알고 있나요? 검은색은 다민족 국가인 뉴질랜드의 화합과 단결을 상징하는 것 같아요.

검은색은 국민들에게 열광적인 인기를 받고 있는 뉴질랜드 남자 럭비 국가 대표 팀의 상징이기도 해요. 대표팀 선수의 상의, 하의, 양말 등 유니폼의 모든 것이 검은색(All Black)이기 때문에 '올 블랙스(All Blacks)'라는 별칭으로도 널리 알려져 있어요. 럭비 종주국인 영국도 놀랄 만큼 세계 최고의 실력을 자랑하는 올 블랙스는 항상 경기 전 '하카'를 추는 것으로도 유명해요. 하카는 마오리족 전사들이 전쟁을 앞두고 추는 춤이에요. 역사적으로 호전적이었던 마오리족은 원주민 부족 사이에서 전쟁이 일어날 때 자신들의 강인함과 자신감을 보여 주며 승리를 기원하고자 이 춤을 추었어요. 눈을 크게 부릅뜨고 큰 소리로 말하면서 혀를 내밀어 힘과 용맹함을 과시했던 것이지요.

올 블랙스는 1905년 영국 원정 경기 전에 하카 춤을 처음으로 선보였어요. 그 후 경기 전 하카 춤을 추는 것이 하나의 전통이 되었지요. 선수들은 하카를 통해 팀의 단결력과 위엄을 보여 주는 것으로 상대 팀을 제압

● 표방: 어떤 주장이나 의견을 내세우는 것을 말해요.

📍 올 블랙스의 하카 모습

하고 전의를 불태우죠. 이 과정이 선수들에게 비장함과 단결력을 불어넣어 주는 것 같아요. 그 덕분에 뉴질랜드 럭비 대표 팀이 세계 최강이 된 것 아닐까요?

아울러 하카는 이웃을 환영하거나 일의 성취를 알리고자 하는 목적 등 다양한 용도로 발전했어요. 이제는 남성, 여성 그리고 어린이들까지 추게 되었죠. 근래 들어서는 럭비 외 다양한 스포츠 종목, 사회·국가의 다양한 공식 행사에서도 하카를 선보이고 있답니다. 하카가 뉴질랜드 국민과 문화, 전통을 세계 무대에 알리는 독보적인 존재로 확실히 자리매김한 것이죠.

## 오스트레일리아와 뉴질랜드의 국기 싸움

'가까이 있는 나라끼리는 사이가 좋지 않다.'는 말에 공감한 적이 있을 거예요. 이웃 나라인 오스트레일리아와 뉴질랜드도 종종 기 싸움을 벌이고 있어요. 바로 '국기'를 두고 말이죠. 두 나라 국기는 얼핏 보면 헷갈릴 정도로 정말 많이 닮았어요. 똑 닮은 국기로 인해 오히려 형제 나라처럼 보여 '사이가 친하지 않을까?' 하는 생각이 들 정도이죠. 사실 두 나라 국기가 닮은 이유는 과거 영국의 식민지였다는 역사적 공통점 때문이에요. 국기 왼쪽 구석에 있는 유니언잭(Union Jack; 잉글랜드와 스코틀랜드, 북아일랜드의 깃발을 조합한 영국 국기)이 그 증거지요. 게다가 두 국기 모두 청색 바탕에 남십자성이 국기 가운데 그려져 있어요. 오스트레일리아 국기는 하얀 별이 6개, 뉴질랜드 국기는 붉은 별이 4개라는 점이 다를 뿐이에요.

뉴질랜드에서는 오스트레일리아 국기와 헷갈리는 게 싫다는 여론이 예전부터 많았어요. 그래서 2016년에는 국기 교체를 위한 국민투표까지 시행했죠. 당시 뉴질랜드 총리는 현재 국기 디자인이 식민주의 시대의 잔재라는 이유와 오스트레일리아와의 차별화를 내세우며 국기 교체를 시도했습니다.

하지만 뉴질랜드 국기 교체를 위한 시도는, 당시 조사 대상자의 58%가 현행 국기를 그대로 사용하자고 답하며 무산되었어요. 이후 뉴질랜드는 오스트레일리아가 뉴질랜드의 국기를 표절했다는 이유를 들며 오스

## 남태평양 국가들과 국기의 모양

오스트레일리아　피지　키리바시　마셜 제도　미크로네시아 연방　솔로몬 제도　루발루

나우루　뉴질랜드　팔라우　파푸아뉴기니　사모아　통가　바누아투

오세아니아 대륙에 속한 나라의 국기에는 유니언잭이 그려져 있는 곳이 많아요.

트레일리아 정부에 국기 교체를 요구하고 있어요. 물론 오스트레일리아 내에서도 국기 교체를 요구하는 여론이 꽤 많아요. 이미 캐나다, 미국, 인도가 영국으로부터 독립하면서 유니언잭을 지우고 그들만의 국기를 새로 제정했거든요. 따라서 오스트레일리아, 뉴질랜드, 피지 등 지금도 여전히 유니언잭이 국기에 남아 있는 남태평양 국가들 또한 언제든 국기 디자인을 바꿀 가능성이 존재한다고 볼 수 있답니다.

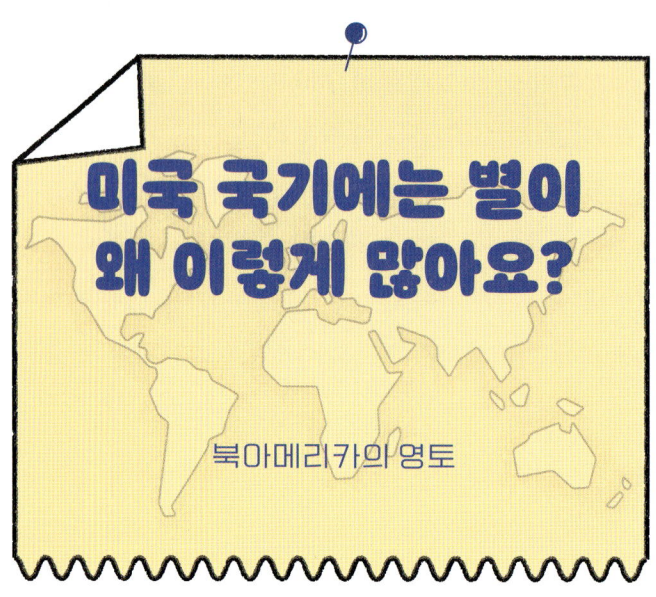

# 미국 국기에는 별이 왜 이렇게 많아요?

북아메리카의 영토

## 별이 빛나는 국기, 성조기

누군가 우리 친구들에게 '언제 태극기를 사용하나요?'라고 질문한다면, 아마도 국경일 이름을 답하거나 올림픽이나 월드컵 같은 국제경기에서 우리 선수를 열렬히 응원하는 사람들의 손에 들린 태극기를 떠올릴 거예요. 실제로 우리나라 사람들에게 태극기는 평소에는 고이 상자에 넣어 두었다가 특별한 날에만 꺼내 사용하는 것이랍니다.

그럼, 미국은 어떨까요? 미국의 국기는 빨강과 흰색의 줄무늬가 반복되어 있고 왼쪽 상단에는 파란색 바탕에 50개의 흰색 별들이 빛나고 있는 모습이에요. 그래서 우리는 미국의 국기를 '성조기(星條旗, Stars and Stripes)'라고 부르죠. 미국인에게 성조기는 어떤 의미일까요? 그들에게 성조기는 일상생활 그 자체예요. 미국에서는 개인 주택은 물론, 마트, 상점, 해변 등 거리 곳곳에서 매일 나부끼는 성조기를 쉽게 발견할 수 있어요. 심지어 성조기 문양이 들어간 옷과 모자, 가방 등 무수한 상품도 만날 수 있지요. 실제로 그런 상품을 즐겨 입고 다니는 사람들도 많답니다. 이렇듯 미국에서는 일상 곳곳에서 성조기를 향한 사랑을 느낄 수 있어요. 이런 국기에 대한 사랑은 서로 다른 인종, 종교, 언어, 문화적 뿌리가 다른 사람들이 모여 만들어진 미국을 하나로 엮어 주는 힘을 만들어 내기도 해요.

 성조기의 모습

파란 바탕 위에서 반짝이고 있는 50개의 별은
미국을 구성하는 50개의 주를 뜻해요.

## 미국의 지도가 변하면 국기도 변해요!

그런데 지금까지 우리가 알고 있는 성조기의 모습이 언제든 변할 수 있다는 사실을 알고 있나요? 성조기의 역사는 미국 독립의 역사, 영토 확장의 역사 그 자체예요. 보통 한 나라의 국기는 크게 변하지 않죠. 전 세계적으로 국기 디자인에 별을 사용하는 나라가 많지만 그 개수가 변하는 나라는 드물어요. 그런데 미국은 계속 국기에 그려진 별의 개수가 변해 왔고 또 앞으로도 그럴 가능성이 남아 있답니다. 왜일까요?

미국의 국기에 처음부터 별이 그려져 있지는 않았어요. 초기 국기에는 영국의 식민지 역사가 반영되어 있었죠. 오늘날 50개의 별이 그려져 있는 위치에 영국의 국기인 유니언잭이 그려져 있었던 거예요. 하지만 1776년 7월 4일 독립선언서에 서명한 이후, 미국인들은 새로운 나라를 대표하는 새로운 국기가 필요하다는 것을 인식하게 됩니다. 이후 1777년 6월 14일 '국기 결의안'이 통과되면서 오늘날과 같은 별이 그려진 성조기가 만들어졌어요. 기존 붉은색 7개와 흰색 6개의 줄무늬는 유지하되 유니언잭을 지워 버리고 그 자리에 독립 전쟁에 참가한 13개의 주(State)를 상징하는 13개의 별을 채우기로 한 거예요. 이렇게 탄생한 성조기를 기념하기 위해 미국은 6월 14일을 플래그 데이(Flag Day), 즉 국기의 날로 지정했어요. 그리고 매해 다양한 행사를 하며 성조기의 생일을 축하해 주고 있죠. 국기에도 생일이 있다니! 국기에 대한 미국인들의 사랑이 다시 한 번 느껴지네요.

이렇게 미국에서 별이 그려진 국기가 처음 만들어진 이후, 미국 연방

## 성조기의 역사

| 1777-1795 | 1777-1795 | 1777-1795 | 1777-1795 | 1795-1818 | 1795-1818 | 1818-1819 |
|---|---|---|---|---|---|---|
| 1818-1819 | 1819-1820 | 1820-1822 | 1822-1836 | 1836-1837 | 1837-1845 | 1837-1845 |
| 1845-1846 | 1846-1847 | 1847-1848 | 1847-1848 | 1848-1851 | 1851-1858 | 1858-1859 |
| 1859-1861 | 1859-1861 | 1859-1861 | 1859-1861 | 1861-1863 | 1861-1863 | 1863-1865 |
| 1863-1865 | 1865-1867 | 1865-1867 | 1867-1877 | 1867-1877 | 1877-1890 | 1877-1890 |
| 1890-1891 | 1891-1896 | 1896-1908 | 1908-1912 | 1912-1959 | 1959-1960 | 1960-2017 |

에 가입된 지역은 꾸준히 늘어났어요. 그때마다 미국 지도는 새롭게 그려졌고 동시에 성조기에 그려진 별의 수도 늘어났죠. 당시 의회의 결정에 따라 미국에 속한 주가 하나씩 늘어날 때마다 성조기에 그려진 별의 개수도 함께 늘려 가기로 했거든요. 지속적으로 서쪽으로 영토를 넓혀 나간 미국은 1912년 애리조나주의 연방 가입으로 별이 총 48개로 늘어납니다. 이후 1959년 미국이 소련으로부터 알래스카를 구매하면서 별이 하나 더 추가되었고, 같은 해 하와이까지 연방에 편입시키면서 현재 성조기의 별 50개가 정해졌어요. 이렇게 끊임없이 진화를 거듭해 온 미국의 국기는 미

국의 영토의 지리적 확장의 역사를 고스란히 보여 준답니다.

미국의 국기는 주의 숫자에 따라 별의 숫자가 결정되기 때문에 앞으로도 미국의 주의 수에 변화가 생기면 국기가 바뀔 가능성이 있어요. 어떤 지역이 새롭게 미 연방에 가입하게 된다면 별의 숫자가 51개로 늘어난다는 의미이죠. 최근에 워싱턴 D.C.와 푸에르토리코가 51번째 주가 될 수 있다는 이야기가 나오고 있지만 완전히 결정된 것은 아니에요. 하지만 성조기 별의 개수는 언제든 변할 수 있기에 관심을 가지고 지켜보면 좋을 것 같아요.

## 미국인들을 하나로 만들어 주는 국기

성조기는 여러 전쟁에서 미국을 하나로 뭉치게 하는 원동력입니다. 미국 국가(國歌) '성조기여 영원하라(The Star-Spangled Banner)'의 가사도 영국군과의 독립 전쟁에서 승리한 직후 자랑스럽게 휘날리던 성조기의 모습을 적은 시에서 유래되었어요.

하지만 미국이 어렵게 영국으로부터 독립을 이루어 내며 탄생시킨 성조기에도 위기가 있었습니다. 1861년 당시 미국 연방에는 30개가 넘는 주가 속해 있었어요. 하지만 남부 지역 11개 주가 뭉쳐 '남부 연합'으로 분리하겠다고 주장했죠. 바로 미국이 남북으로 나뉘어 싸우던 남북전쟁이 발발한 거예요. 당시 에이브러햄 링컨(Abraham Lincoln, 1809~1865) 대통령이 주장한 노예제도 폐지에 대해 북부 지역은 찬성한 것과 달리 남부 지역은 격렬히 반대하며 그들만의 국가와 국기를 만들어 버렸어요. 이런 남

달에 꽂힌 성조기

1969년 7월 21일, 미국항공우주국(NASA) 소속 닐 암스트롱은 인류 최초로 달에 발을 내디뎠어요. 그는 "이것은 한 명의 인간에게는 작은 발걸음이지만, 인류에게는 위대한 도약이다."라는 유명한 말을 남겼답니다.

부 지역에 반발한 북부 사람들 중에는 성조기에서 11개의 별을 떼어 버리자고 말하는 사람도 있었죠. 하지만 링컨은 늘 '하나의 나라, 하나의 국기'를 주장했어요. 그는 항상 미국은 반드시 하나로 합쳐질 것이라 믿었고, 결국 1865년 남북전쟁이 북부의 승리로 끝나면서 미국은 다시 한 국기 아래 하나의 나라가 되었습니다.

한편 미국은 전 세계에서 최초로 지구 밖에 있는 땅에 국기를 꽂은 나라이기도 합니다. 바로 1969년에 달에 꽂은 성조기이죠. 1960년 이후 성

## 📍 미국의 영토 확장 과정

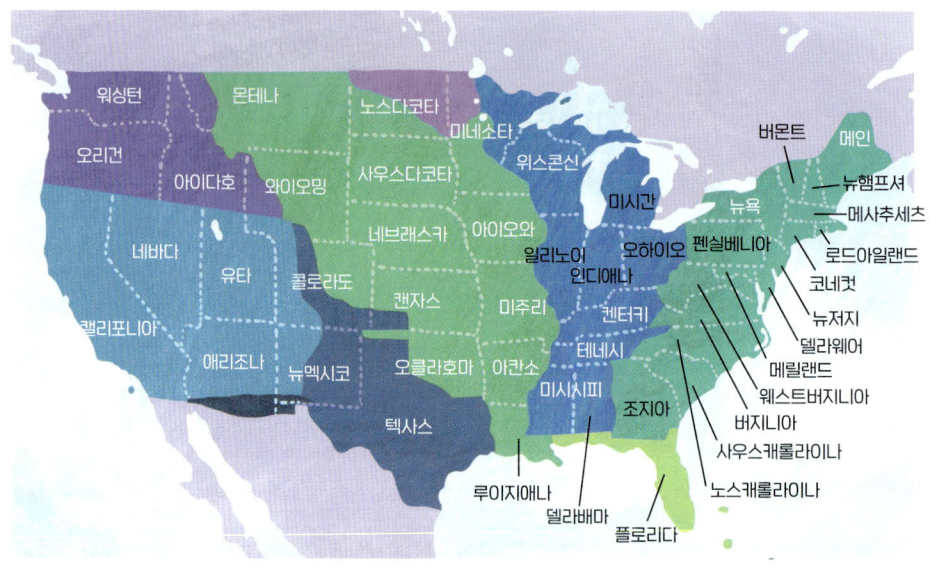

- 건국 당시
- 1818년 영국이 할양
- 1846년 합병
- 1783년 영국이 할양
- 1819년 스페인에게 구입
- 1848년 멕시코가 할양
- 1803년 프랑스에게 구입
- 1845년 합병
- 1853년 멕시코에게 구입

조기의 별은 50개로 유지되고 있으니 당시 암스트롱이 달에 꽂은 성조기도 지금과 똑같이 생겼겠네요. 이 사건으로 당시 미국의 막강한 과학 기술이 전 세계에 알려지며 미국의 자부심을 드높이게 됩니다. 만약 '미국에서 새로운 별이 추가된 성조기가 만들어진다면 새 성조기를 꽂으러 다시 달에 가지 않을까?'라는 흥미로운 상상을 해 봅니다.

- 할양: 땅이나 물건을 한 부분 떼어서 남에게 넘겨준다는 뜻이에요.
- 합병: 둘 이상의 기구나 단체, 나라가 하나로 합쳐지는 일을 말해요.

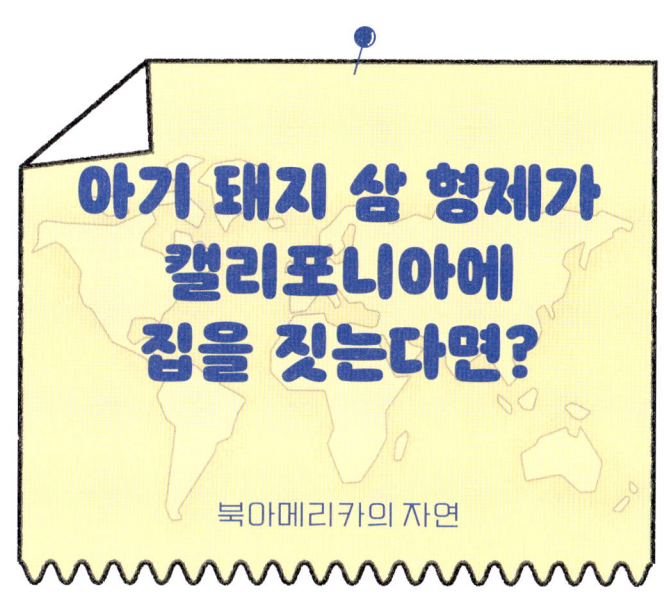

# 아기 돼지 삼 형제가 캘리포니아에 집을 짓는다면?

북아메리카의 자연

## 아기 돼지 삼 형제 이야기

옛날 옛날에 아기 돼지 세 마리가 엄마 품을 떠나 자기 집을 짓기로 했어요. 첫째 돼지는 지푸라기로 초가집을, 둘째 돼지는 나뭇가지로 나무 집을 지었지만 무시무시한 늑대가 나타나 '후~' 하고 불어 버렸답니다. 집을 잃은 첫째 돼지와 둘째 돼지는 튼튼한 셋째 돼지의 벽돌집으로 숨었어요. 늑대는 튼튼한 벽돌집은 무너뜨리지 못했지요. 덕분에 늑대로부터 목숨을 구한 아기 돼지 삼 형제는 튼튼한 벽돌집을 짓고 행복하게 잘 살았답니다.

어릴 적 누구나 한 번쯤은 이 이야기를 읽어 봤을 거예요. 영국에서 전래된 이 동화는 자기 일을 정성껏 준비하고 노력하면 어려움을 극복하고 목표를 이룰 수 있다는 교훈을 주었지요. 그런데 성실과 노력의 상징인 벽돌집이 세상 어디에서나 튼튼하고 안전한 집일까요? 만약 이 동화가 영국처럼 상대적으로 지진이나 화산 폭발의 위험이 적은 나라가 아니라 지진이 자주 일어나는 미국의 캘리포니아주에서 쓰였다면 내용이 달라질 수도 있지 않았을까요? 아기 돼지 삼 형제가 캘리포니아주로 이사를 간다면 어떤 집을 짓고 살아야 할까요?

## 지진이 자주 일어나는 캘리포니아

태평양 연안에 위치한 미국 캘리포니아주는 대규모 지진이 자주 발생하는 지역이에요. 그런데 왜 가만히 있던 땅이 갑자기 흔들리는 걸까요? 그리고 그런 현상이 유독 자주 나타나는 곳은 그렇지 않은 곳과 어떤 차이가 있을까요?

사과의 껍질에 해당하는 지구의 지각은 '판(plate)'이라고 불리는 거대한 덩어리로 이루어져 있어요. 지각을 이루는 10여 개 정도의 판은 지구 내부에 있는 젤리 같은 '맨틀' 위를 떠다니면서 서로 다른 방향과 속도로 이동하고 있지요. 그 과정에서 판끼리 서로 부딪히거나 밀어내기도 합니다. 그러면 판의 경계를 따라 큰 압력이 생기는데 이때 판이 어긋나거나

### 북아메리카의 지형

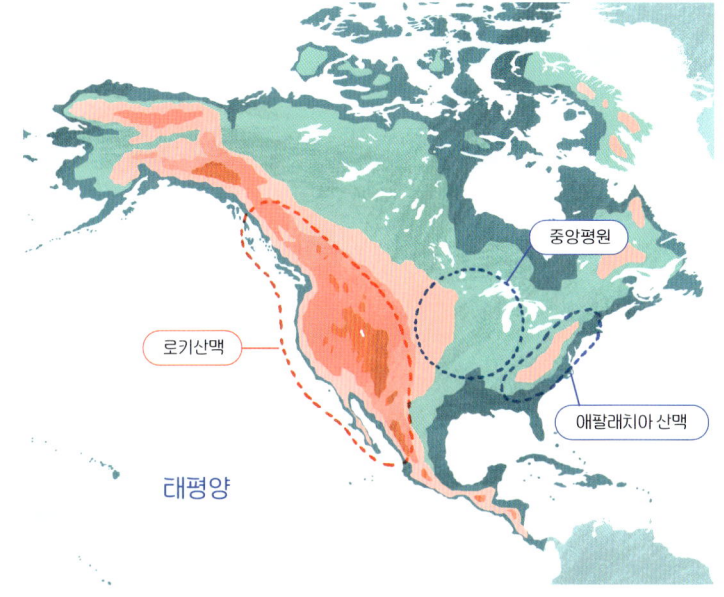

휘어집니다. 그리고 그 사이로 엄청난 양의 에너지가 빠져나가면서 지표면이 크게 흔들리게 되죠. 이를 '지진'이라 부릅니다.

북아메리카의 지형은 크게 동부의 산지, 중앙 대평원, 서부의 산지 지역으로 나눌 수 있어요. 동부의 산지는 평균 해발고도 1,000m 내외의 고기 습곡 산지인 애팔래치아산맥이 북동 방향으로 뻗어, 북쪽으로는 캐나다의 래브라도고원까지 이어져 있어요. 반면 서부 산지는 환태평양조산대에 속하는 신기 습곡 산지로 로키산맥 등의 해안산맥들이 남북으로 뻗어 있지요.

이처럼 지진이 잘 발생하는 판의 경계가 캘리포니아주에도 분포하고 있어요. 바로 북아메리카판과 태평양판이 만나는 경계인 샌안드레이어스 단층(San Andreas Fault)이죠. 샌안드레이어스 단층은 북아메리카판과 태평양판이 반대 방향으로 움직이기 시작한 약 1,500만 년 전에 형성되었어요. 지금도 태평양판은 천천히 북서쪽으로 미끄러져 가는 반면, 북아메리카판은 점차 남서쪽으로 나아가고 있어요. 그런데 판이 이동하는 속도가 지점마다 다르기 때문에 갑자기 힘의 균형이 깨질 때가 있어요. 그러면 지층이 끊어지면서 진동이 발생하는데, 이 진동이 사방으로 전달돼 땅이 흔들리게 되는 것이죠.

 샌안드레이어스 단층(San Andreas Fault)

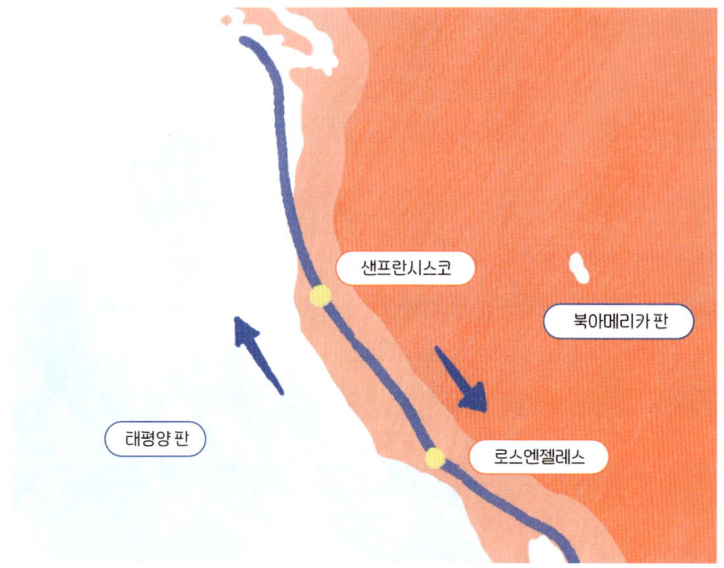

미국 역사상 가장 치명적인 지진으로 기록된 1906년 대지진도 캘리포니아주에서 발생한 것이에요. 이 지진으로 샌프란시스코와 캘리포니아의 많은 지역들이 엄청난 피해를 입었죠. 특히 당시 캘리포니아주에서 가장 큰 도시였던 샌프란시스코의 피해는 심각했어요. 샌프란시스코의 2만 8,000채 이상의 건물이 파괴되고 전체 40여만 명의 인구 중 절반 이상이 집을 잃었으며 약 3,000명이 사망했어요.

　피해가 특히 컸던 이유는 지진으로 인한 추가 피해 때문이었어요. 당시 샌프란시스코는 강력한 지진으로 가스관에 균열이 발생하였고 이로 인해 도시 전체가 불길에 휩싸이며 파괴되었어요. 이 화재는 무려 3일 동안이나 이어졌답니다. 설상가상으로 지진 때문에 수도관도 파손되어 소방관들은 화재를 진압하기 위해 샌프란시스코만에서 바닷물을 퍼내야만 했죠. 이처럼 대규모 지진이 발생하면 단순히 땅의 흔들림으로 발생하는 피해뿐만 아니라 도시의 통신과 교통이 마비되고, 전기·가스 시설 같은 공공시설이 파괴되는 등의 추가 피해가 발생합니다. 또 화재, 산사태, 원전 사고 등 다른 재해로도 이어질 수 있어요.

　1906년 대지진 이후 샌프란시스코는 같은 피해가 반복되지 않도록 새로운 법률을 만들었어요. 이 법률에는 시민들을 안전하게 보호할 수 있도록 건물을 더 튼튼하게 만들고 미래의 지진으로부터 도시를 안전하게 지켜 줄 수 있는 내용이 포함되었죠. 아기 돼지 삼 형제도 캘리포니아에서는 이 규정을 잘 지키면서 집을 지어야겠죠?

## 지진은 예측할 수 있을까? 만약 그럴 수 없다면?

캘리포니아는 지금도 거의 매일 지진이 일어나고 있어요. 대부분은 인간이 느끼지 못하는 규모의 지진이지만 언제든지 큰 지진이 발생할 확률이 있지요. 아무리 무시무시한 자연재해라도 예측이 가능하다면 피해를 줄일 수 있을 텐데, 지진도 날씨처럼 예측이 가능할까요? 현재로선 지진 발생을 예측하는 것은 거의 불가능하다고 합니다. 그렇기 때문에 지진 발생 이후에 나타나는 피해를 최소한으로 줄이는 대비책이 더 중요하지요.

과학자, 엔지니어, 건축가에게 지진의 위험성에 대해 물어보면 이런 비슷한 말을 합니다. "지진은 사람을 죽이지 않아요. 건물이 사람을 죽이죠." 이처럼 지진으로 사망하는 대부분의 사람들은 무너진 건물 때문에 숨진다고 해요. 그렇기에 지진으로부터 생명을 구하는 가장 좋은 방법은 흔들림 없이 우뚝 설 수 있는 건물을 설계하는 것이죠.

오늘날 미국은 지진이 빈번하게 발생하는 지역의 건축 방식을 엄격하게 통제하고 있어요. 일정 높이 이상의 건물에는 반드시 내진 설계를 하도록 하고도 있지요. 내진 설계는 지진이 발생하여 땅이 심하게 흔들리더라도 건물에 금이 가거나 무너지지 않도록 튼튼하게 짓는 방법이에요. 더 굵은 철근을 넣고 벽과 바닥을 두껍게 만들어 웬만한 진동도 버틸 수 있게 하는 거랍니다. 단, 나무로 지은 저층의 집은 내진 설계의 의무에서 제외되기도 합니다. 나무라는 재료 자체가 지진에 유연하게 견뎌 내는 특징을 가지고 있기 때문이지요. 그래서 미국에서는 나무로 지어진 2~3층 주택을 흔히 볼 수 있는 것이죠.

## 📍 내진 설계 건물의 특징

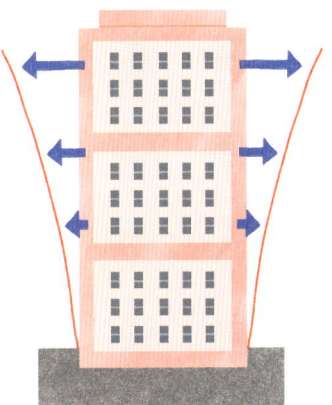

보통 건물

횡압력*에 심하게 흔들려요.

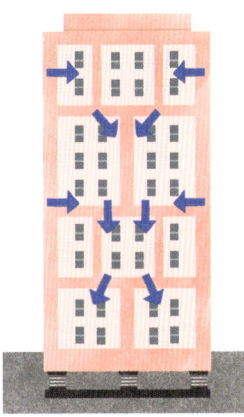

내진 설계 건물

횡압력을 버려내요.

내진 설계가 된 건물은 횡압력을 버려낼 수 있어 무너지지 않아요.

    만일 아기 돼지 삼 형제가 캘리포니아에서 써진 동화책이었다면 내용이 달라졌을 수도 있지 않을까요? 그리고 동화책의 결말이 '아기 돼지 삼 형제는 나무로 지어진 집에서 지진으로부터 살아남아 행복하게 잘 살았답니다.'로 마무리될 수도 있었겠다는 재미난 상상을 해 봅니다.

● 횡압력: 양쪽에서 미는 힘을 뜻해요.

# 미국에도 추석이 있나요?

북아메리카의 자연

### 미국의 명절은 Holiday!

우리나라의 대표적인 명절로는 설날, 추석, 단오, 동지 등이 있죠. 명절이 되면 평소에는 잘 만나지 못했던 친척들이 모여 오랜 시간을 함께합니다. 또 설날에는 떡국, 추석에는 송편 같은 명절 전통 음식을 만들어 먹으며 명절을 의미 있게 보내지요.

그럼 미국에는 어떤 명절이 있고 해당 명절마다 먹는 대표적인 음식에는 어떤 것들이 있을까요? 미국인들이 생각하는 중요한 명절로는 크리스마스, 추수감사절(Thanksgiving Day), 핼러윈(Halloween Day) 등이 있어요. 우리의 설날, 추석처럼 미국에서도 크리스마스와 추수감사절 무렵이 되면 서로 'Happy Holiday!'라고 인사를 주고받으며 꽤 긴 연휴를 보냅니다. 미국의 대표 명절의 유래와 의미를 알면 미국의 역사와 문화를 좀 더 가까이 이해할 수 있을 거예요.

## 미국의 추석, 추수감사절!

매년 11월 마지막 주 목요일인 추수감사절은 우리의 추석과 흡사해요. 미국도 추수감사절 주간에는 수많은 미국인이 고향과 친척을 찾아요. 그럼 언제부터 추수감사절이 미국의 추석이 되었을까요? 여기에도 이민자들의 역사가 숨어 있어요.

    1620년 9월, 영국에서 종교 박해를 받던 100여 명의 청교도인이 메이플라워호를 타고 영국 플리머스항을 떠납니다. 종교의 자유와 새로운 희망을 찾아 미국으로 향한 것이지요. 항해를 시작하고 두 달 뒤, 드디어 배는 매사추세츠주에 도착합니다. 그리고 이곳의 지명을 출발지의 이름을 따 '플리머스'라고 지었지요. 그러나 불행하게도 그들이 미국에 도착한 11월은 매사추세츠주의 겨울이 시작되는 시기였어요. 혹독한 날씨와 식량 부족으로 그해 겨울, 배를 타고 건너온 인구의 절반 이상이 목숨을 잃게 됩니다. 다행히 이듬해 봄 그 지역의 원주민인 왐파노아그(Wampanoag)족이 이들에게 옥수수 씨앗을 주고 농사법을 가르쳐 주었지요. 그해 가을에는 만족할 만한 결실을 봤고, 이민자들은 감사의 의미로

📍 플리머스항과 추수감사절

원주민을 초대해 칠면조를 나눠 먹는 등 수확의 기쁨을 나눴다고 전해져요. 이 이야기가 미국 추수감사절의 기원이 되었다고 합니다.

이후 미국으로 계속 이주해 온 청교도인에게 이 수확을 기념하는 날은 계속 중요한 날로 이어져 내려왔습니다. 하지만 당시 모든 미국인이 이날을 기념하진 않았고 공식적인 휴일도 아니었죠. 그러다 1863년, 에이브러햄 링컨 대통령은 남북전쟁으로 둘로 나뉜 미국이 하나로 통합되길 바라며 11월 넷째 주간을 추수감사주일로 정합니다.

추수감사절 하면 칠면조 요리가 생각나죠? 사실 우리나라 사람들이 평소 즐겨 먹는 고기는 아니기에 그 맛이 궁금할 것 같아요. 링컨 대통령

칠면조 이야기

1. 추수감사절 하루에 소비되는 칠면조가 4,500만 마리에 달한다고 해요. 미국 인구가 약 3억 4,000만 명이니, 8명에 한 마리꼴로 먹어 치우는 거예요.
2. 케네디 대통령 이후 미국 대통령은 매년 추수감사절에 칠면조 한 마리를 특별 사면하는 행사를 가져요.
3. 칠면조는 왜 영어로 터키(turkey)라고 부를까요? 북아메리카 칠면조는 16세기 유럽에 소개됐는데, 당시 유럽에는 이미 아프리카산 뿔닭이 수입되고 있었어요. 당시 아프리카 뿔닭은 주로 터키 상인들이 교역을 담당하고 있었죠. 유럽인들은 터키 상인들이 교역했던 품목 앞에 '터키'를 붙여 '터키 밀', '터키 옥수수'라 불렀는데, 북미산 칠면조를 터키 상인들이 들여온 뿔닭의 한 종류로 잘못 알고 '터키 가금류(turkey fowl)'라고 부른 거예요. 이후 칠면조는 앞에 붙었던 '터키'라는 단어로 줄여져 불리게 됐어요.

 ● 특별 사면: 대통령이 특정인의 죄를 용서하여 형벌을 면제해주는 것을 말해요. 추수감사절에는 특별히 그 대상이 칠면조가 된 것이죠.

2장. 세계에는 다양한 나라들이 있어요

의 결정이 이루어졌을 당시, 칠면조는 미국 어디서든 손쉽게 구할 수 있는 식재료였다고 해요. 게다가 칠면조는 많은 사람들이 나눠 먹을 수 있는 크기죠. 지금도 그 전통대로 추수감사절 저녁에는 가족들이 함께 둘러앉아 칠면조 요리, 감자 요리, 호박 파이 등을 먹는 풍습이 전해 내려옵니다.

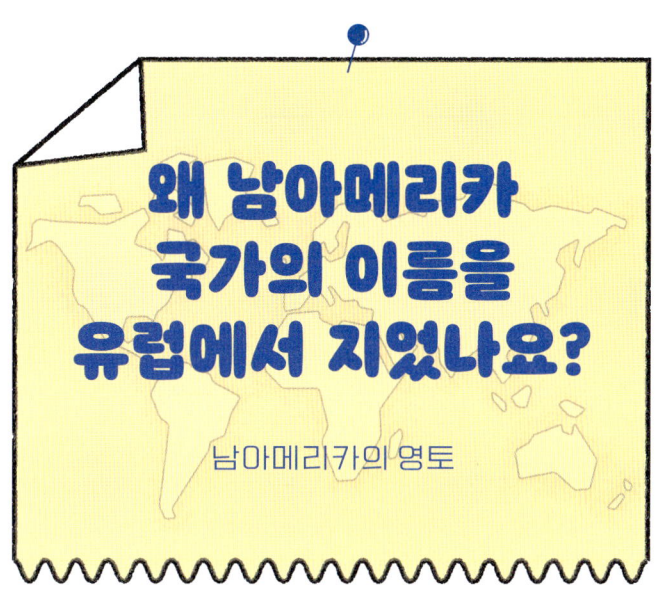

# 왜 남아메리카 국가의 이름을 유럽에서 지었나요?

남아메리카의 영토

## 하나가 될 수 있었지만 하나가 되지 못한 남아메리카

우리는 태어나자마자 세상을 얻기도 하지만 그 세상에 '나'라는 존재를 드러내기 위해 이름을 얻기도 하죠. 사실 우리 부모님들은 우리의 이름을 짓기 위해 수많은 고민과 선택의 기로에 서기도 해요. 어쩌면 우리의 이름이 앞으로의 운명을 결정지을 수도 있다는 이유 때문이겠죠. 가끔 자신의 삶에 만족하지 못하는 사람들이 이름을 바꾸는 것도 바로 그런 이유 때문이에요. 우리는 평생 나를 나타내는 이름으로 불리고 또 이름으로 세상에 나를 알리기도 하죠. 하지만 이렇게 불리는 것은 개인뿐만이 아니에요. 하나의 나라에도 이름이 있고 그 나라의 이름은 세상에 널리 알려져 있죠. 우리 이름은 부모님이 짓는데 나라 이름은 도대체 누가 짓는 걸까요? 부모님이 이름을 지어 주는 건 참으로 뜻깊은 일이지만 나의 이름을 나와 전혀 관련 없는 사람이 지어 주었다면 어떤 감정을 느낄까요? 하나의 큰 대륙에 속한 여러 나라의 운명을 전혀 다른 나라가 결정지었다면 수많은 나라들은 이를 어떻게 받아들여야 하는 걸까요?

아메리카 대륙은 흔히 신대륙이라 불릴 만큼 우리에게 알려진 시기가 짧아요. 사실 이러한 신대륙이라는 구분이 그들의 입장에선 터무니없을 수도 있죠. 우리가 조금 늦게 발견했을 뿐이니까요. 신대륙이라고 불리는 아메리카 대륙은 남과 북으로 나누어져 있지만 그 모양이 이상할 만큼 많이 다르답니다. 북아메리카는 단 세 개의 나라로 구성되어 있지만 남아메리카는 수많은 나라로 구성된 것부터가 그렇죠. 사실 남아메리카의 수많은 나라도 북아메리카처럼 적은 수의 나라, 심지어 하나의 나라가 될 수도 있었어요. 남아메리카의 브라질만 제외하면 모두 스페인의 식민 지배를 받아 언어와 문화의 공통점이 많았기에 충분히 가능한 일이었죠. 하지만 그렇게 했다가는 식민 지배 전부터 그곳을 삶의 터전으로 삼고 살아온 사람들이 못마땅하게 여겼을 거예요. 심지어 남아메리카는 안데스산맥이라는 큰 산맥이 서쪽과 동쪽을 지리적으로 단절시켜 놓아서 하나의 연합된 나라로 통치하기에 큰 어려움이 있었죠. 또 스페인이 광활한 남아메리카 대륙을 통제하기 위해 남아메리카 대륙을 4개로 나누어 통치했는데 이 경계가 서로 다름을 인식시켜 주었어요. 결국 지역별로 정체성이 생기고 다른 지역과의 차별성이 생기면서 하나의 나라로 통합되기 어려운 상황에 처합니다. 이런 주장을 펼친 분리주의자들의 반발에 못 이겨 결국 남아메리카는 하나의 나라가 되는 데 실패하고 맙니다. 끝내 4개의 구역 중 포르투갈의 식민 지배를 받던 브라질만이 하나의 국가로 독립했고, 나머지 3개의 행정 구역은 그 안에서도 분리와 독립이 일어나며 지금까지도 국경을 두고 다툼이 일어나고 있답니다.

 끊임없이 분리 독립이 일어난 남아메리카 국경

독립 전 / 독립 후

스페인이 4개로 나누어 통치하던 남아메리카가 하나로 통일하는 데 실패한 뒤, 수많은 나라로 분리된 것을 볼 수 있어요.

## 유럽 사람들의 기준으로 만들어진 남아메리카의 나라들

이처럼 남아메리카 대륙의 운명은 유럽의 영향이 아주 컸다고 볼 수 있어요. 그리고 그 대륙의 운명 또한 유럽의 손에 결정된 것들이 많았죠. 그중 가장 대표적인 것이 바로 나라의 운명을 결정지을 이름이랍니다. 지금부터 남아메리카를 대표하는 국가들이 어떻게 그들의 이름을 가지게 되었는지 한번 알아볼까요?

우선 콜롬비아는 아메리카 대륙을 처음으로 발견한 크리스토퍼 콜럼버스의 이름을 따서 지어졌어요. 사실 크리스토퍼 콜럼버스는 스페인 사람이 아닌 이탈리아 사람이에요. 콜럼버스는 지구가 둥그니 서쪽으로 계속 항해를 하다 보면 언젠가 중국과 인도를 거쳐 다시 유럽으로 올 수 있다고 믿었어요. 그래서 서쪽으로 향하는 배를 구하기 위해 포르투갈, 영국, 이탈리아의 지도자들을 찾아갔지만 모두 거절당했죠. 하지만 스페인의 여왕이었던 이사벨 1세의 도움을 받아 결국 서쪽으로 항해를 시작하게 되었고 아메리카 대륙을 발견했답니다. 처음엔 스페인과 포르투갈이 지배했던 아메리카 식민지 자체를 그의 이름으로 불렀지만, 수많은 건국과 독립 끝에 현재의 콜롬비아가 그 이름을 차지하게 되었습니다. 콜럼버스의 정확한 이탈리아 이름이 콜롬보(Colombo)인데 나라를 뜻하는 접미사 '이아(-ia)'를 붙여 콜롬비아라고 이름을 붙인 거죠.

도미니카 공화국의 이름 또한 콜럼버스와 관련이 있어요. 콜럼버스가 이 지역을 방문한 요일이 일요일이었는데 스페인어로 일요일을 뜻하는 '도밍고(Domingo)'와 스페인어로 나라를 뜻하는 '이카(-ica)'를 합성해 일요일의 나라라는 뜻의 도미니카라고 이름 지었답니다. 이렇게 콜럼버스와 관련된 이름이 많은 남아메리카에는 온두라스라는 나라도 있어요. 온두라스란 스페인어로 깊다는 뜻의 'Honduras'에서 온 명칭으로, 콜럼버스가 이곳을 처음 발견했을 때 바다 밑의 수심이 매우 깊었다는 데서 유래했다고 하네요.

베네수엘라는 유럽의 탐험가들이 도착했을 때 호수 주변에 줄지어 있는 원주민의 수상 가옥을 보고 지은 이름이에요. 이 수상 가옥이 마치 유럽의 베네치아와 비슷하다고 해서 베네치아(Venezia)와 작다는 뜻의 '우엘라(-uela)'를 합성해 '작은 베네치아'라고 부른 거죠. 에콰도르는 적도를 통과하는 나라인데 스페인어의 적도(Equador)가 그대로 국명으로 정해졌다고 하네요.

브라질은 식민 지배를 받을 당시 섬유를 염색하기 위한 염료 목재를 재배했는데 그 당시 유럽의 염료 원료인 '브라질우드'와 매우 흡사하다 하여 브라질우드의 나라라고 불렀다고 해요. 이후 결국 이 말이 줄어들어 브라질이 되었답니다.

아르헨티나는 식민지 시대의 이름을 버리고 새로운 이름을 만든 예입니다. 처음 아르헨티나에 도착한 정복자들에게 원주민들은 선물로 은을 주었습니다. 유럽인들은 그들이 사는 하천 주변에 은이 많을 것이라 여기며 강을 뜻하는 '리오(Rio)'와 은을 뜻하는 '플라타(Plata)'를 붙여 '리오데라플라타'라는 이름을 붙입니다. '은이 넘치는 강'이라는 뜻이지요. 하지만 아르헨티나가 독립할 당시 식민 지배하던 스페인에 대한 적대감이 컸기 때문에 이 이름을 그대로 이어받으려 하지 않았어요. 결국 라틴어로 은을 뜻하는 '아르겐툼(Argentum)'에서 따온 아르헨티나(Argentina)를 국명으로 사용하게 됩니다. 하지만 아르헨티나의 수도 부에노스 아이레스(Buenos Aires)는 스페인어로 '좋은 공기'를 뜻하니 나라의 이름과 수도의 이름이 서로 어울리지 못한다는 느낌이 들기도 하네요.

 마지막으로 페루라는 나라의 이름에 대해서도 알아볼까요? 스페인 탐험대가 태평양을 따라 배를 타고 이동하다가 1522년 최초로 'Birú'라는 작은 하천에 도착하였는데 이때 원주민들이 환영을 받았다하여 붙여진 이름이라고 합니다. 'Birú'는 원주민의 말로 하천 또는 강을 뜻한다고 하네요.

 이처럼 거대한 하나의 대륙에 속한 나라 이름이 온통 다른 사람에 의해 지어진 곳이 바로 남아메리카입니다. 자존심이 상하는 일일 수 있고, 지우고 싶은 역사일 수도 있어 매우 민감한 문제일 것 같지만 어떻게 된 일인지 그들은 그것을 받아들이고 평화롭게 살아가고 있답니다. 어쩌면 그들의 언어, 문화, 종교 등 삶의 많은 영역이 유럽의 그것과 너무 닮아 있어 나라의 이름 또한 익숙해진 게 아닌지 모르겠네요. 분명한 것은 그들이 오래전부터 그곳을 터전으로 살아온 원주민들의 역사와 문화 정체성을 잃어버렸다는 것입니다. 우리가 아무렇지도 않게 부르는 이름이 누군가에게는 큰 아픔이 될 수 있다는 현실에 우리는 얼마나 공감하고 이해하고 있을까요?

# 왜 산소도 부족한 산꼭대기에 살게 된 걸까요?

남아메리카의 자연

## 우리가 살고 있는 지구의 대기

운동장 한 바퀴를 전력으로 달린 뒤 가쁜 숨을 내쉬다 보면 심장이 터질 것 같은 고통이 느껴집니다. 원활하게 호흡하지 못한다는 게 얼마나 끔찍한 일인지 새삼 산소의 소중함에 대해 깨닫게 되지요. 우리가 숨을 들이킬 땐 산소를 마시고 숨을 내뱉을 땐 이산화탄소를 뱉어내는데 이를 호흡이라고 합니다. 호흡은 단순히 산소를 마시고 이산화탄소를 내뱉는 행위가 아니라 우리가 움직일 수 있는 에너지를 얻는 아주 중요한 과정이랍니다. 휘발유를 가득 넣고 달리는 자동차는 휘발유와 산소가 서로 반응하여 생긴 열에너지 덕분에 움직일 수 있는 거예요. 인간도 마찬가지입니다. 음식을 섭취해 얻은 영양소들이 산소와 작용하며 화학반응을 일으키는데, 이때 이산화탄소와 물이 만들어지고 이는 우리가 움직일 수 있는 에너지로 바뀐답니다. 그러고 보니 우리는 산소로 시작해 이산화탄소로 끝나는 인생을 살고 있는지도 모르겠네요. 그런데 이처럼 우리가 살아가는 데 매우 중요한 산소를 포기하고 더 쾌적하고 좋은 자연환경을 찾아 떠나는 사람들이 있다고 해요. 우리로서는 '숨 쉬는 것보다 중요한 것이 있을까?' 하는 생각이 들기도 하지만 이들에겐 그들이 가진 날씨가 더욱 고통스러웠던 거겠죠.

지구의 대기에는 질소가 무려 78%로 가장 많은 비중을 차지하고 있어요. 그 다음으로 산소가 21%이고 나머지 1%를 차지하고 있는 것이 아르곤, 이산화탄소, 헬륨 등이죠. 우리가 마시는 산소가 21%밖에 되지 않는다는 사실이 놀랍기도 하지만 한편으로는 이렇게 적은 양의 산소로도 70억이 넘는 인구가 거뜬히 살아갈 수 있다는 점이 신기하게 다가오네요.

하지만 이 적은 양의 산소는 공간에 따라 완전히 다른 분포를 보이기도 합니다. 특히 해발고도가 상승할수록 산소의 농도가 급격히 줄어드는데, 해발고도 1,000m가 넘는 순간 그것을 피부로 직접 느낄 수 있어요. 우리나라에서 가장 높은 백두산의 높이가 2,744m인데 약 3,000m 고도에는 우리가 현재 마시고 있는 산소의 농도의 약 68%밖에 존재하지 않아요. 1,000m 더 올라가 4,000m에 다다르면 산소의 농도가 60%로 줄어들지요. 여기까지만 생각해도 끔찍한데 세계에서 가장 높은 산인 에베레스트

## 안데스산맥의 대표 도시들

남아메리카 대륙은 무척 무더운 날씨를 가졌어요. 따라서 사람들은 서늘하고 쾌적한 기후를 찾아 고산지대로 몰려들었고 이곳에 도시를 만들어 마야, 아스테카, 잉카 등 찬란한 문명을 꽃피웠답니다.

산의 고도는 무려 8,848m랍니다. 이곳의 산소 농도는 지표면에 비해 33% 밖에 되지 않아 사실상 우리가 스스로 호흡할 수 있는 수준을 넘어선다고 해요. 이런 이유 때문에 해발고도 5,000m가 넘는 곳에서는 인간이 거주하기 쉽지 않아요. 다행히 우리나라의 경우 아무리 해발고도가 높아도 3,000m 미만이라 어디에서든 살 수 있지만, 남아메리카 대륙의 안데스산맥 주변은 해발고도가 3,000m 이상이 되는 곳들이 많아 거주지를 정하기 쉽지 않아요. 그래서 이 지역 사람들은 인간이 거주할 수 있는 마지노선까지 그들의 거주지를 만들고 독특하고 찬란한 문화를 꽃피웠답니다. 그 대표적인 도시로 콜롬비아의 보고타, 에콰도르의 키토, 그리고 페루의 쿠스코와 볼리비아의 라파스를 들 수 있어요

페루의 쿠스코를 제외하면 모두 그 나라의 수도일 정도로 큰 도시이지요. 이 도시들의 해발고도는 무려 3,000m 내외로 아주 높은 곳에 위치하고 있습니다. 대도시가 이곳에 자리 잡고 있을 정도로 그들은 높은 곳을 무척이나 좋아한답니다. 어떻게 숨쉬기조차 힘든 척박한 땅에서 살아남을 수 있었을까요? 기본적으로 이 지역에 사는 사람들의 신체 구조는 우리와는 조금 다르다고 합니다. 우리보다 훨씬 많은 적혈구를 가지고 있고, 혈액 속의 산소와 결합하여 몸의 각 기관에 전달하는 헤모글로빈의 수도 많다고 해요. 다소 산소가 부족하더라도 신체적으로 그것을 이겨 낼 수 있도록 진화한 것이지요. 자신들이 처한 환경에 완벽하게 적응했다고 할 수 있어요. 하지만 이렇게 탁월한 신체 조건을 가진 그들도 평지로 한 번 내려왔다가 다시 높은 곳으로 돌아가면 고산증에 시달린다고 하니 고산지대가 인류 모두에게 가혹한 거주 조건임에는 틀림없는 듯하네요. 남

미 사람들은 그 드넓은 땅 중에 왜 하필 이렇게 산소가 부족한 고산지대에 자신들의 터전을 만들어 놓고 살았을까요?

## 더운 날씨보다 부족한 산소를 택한 남아메리카 주민들

남미대륙에 거주하던 원주민들은 저지대의 아주 덥고 습한 지역에 터전을 두고 살아갔어요. 하지만 극한 무더위에 지친 사람들은 조금이나마 시원하고 건조한 지역을 찾아 산으로 산으로 터전을 조금씩 옮아가기 시작했죠. 일반적으로 해발고도가 100m 상승할 때마다 기온이 약 0.65℃씩 떨어지는데, 이들이 정착한 3,000m 내외의 기온은 저지대보다 무려 15℃ 가까이 낮아요. 즉 그토록 찾아 헤매던 서늘한 곳에 도달한 거랍니다. 다행히 남미대륙은 무더운 날씨를 가진 지역만큼이나 서늘하고 쾌적한 기후를 가진 땅도 많았어요. 그렇게 이동한 사람들이 항상 봄과 같은 상쾌한 날씨를 가진 고산지대로 몰려들어 도시를 만들었고, 마야, 아스테카, 잉카 등 세계사에 큰 획을 그은 찬란한 문명이 꽃피었죠. 이 도시들의 특징은 연중 기온이 일정하고 쾌적하다는 거예요. 날씨가 늘 봄과 같다 하여 이런 기후를 상춘기후라고도 합니다. 예를 들어 같은 위도대인 브라질의 벨렘(해발고도 24m)과 에콰도르의 키토(2,850m)는 기온과 강수량에서 확연한 차이를 보입니다.

 에콰도르의 수도인 키토는 연중 기온이 10~15℃ 사이이고 월평균 강수량도 150mm를 넘지 않을 만큼 쾌적하지만, 벨렘은 연중 기온이 25~30℃ 사이로 높고 강수량 또한 키토와 비교할 수 없을 정도로 많은 걸

📍 키토와 벨렘의 강수량 비교

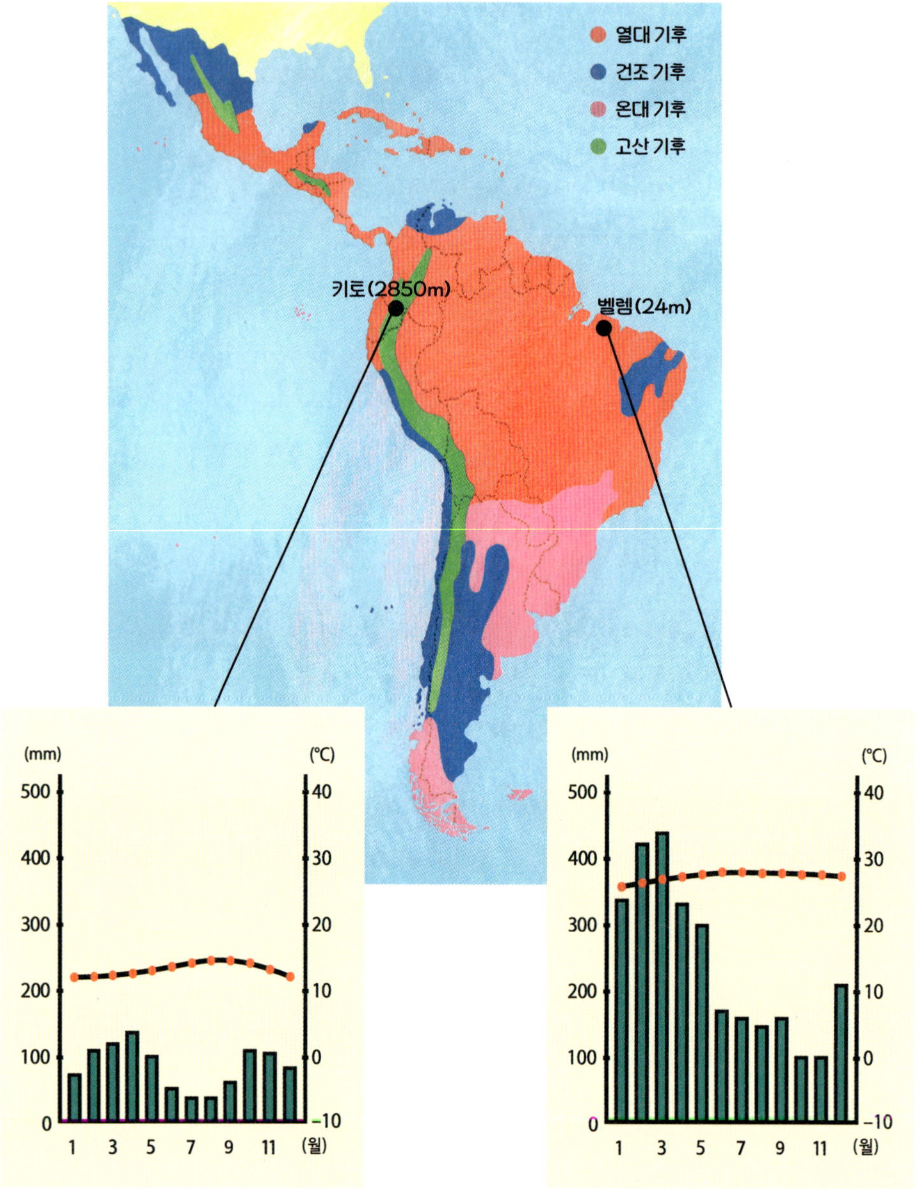

- 열대 기후
- 건조 기후
- 온대 기후
- 고산 기후

키토(2850m)  벨렘(24m)

알면 똑똑해지리

볼 수 있을 거예요. 이처럼 키토와 벨렘은 비슷한 위도에 있음에도 불구하고 완전하게 다른 환경을 가지게 되었고, 이런 환경 중 더 쾌적하고 살기 좋은 곳에 사람들이 자연스럽게 몰려들면서 도시가 형성된 거죠.

하지만 이곳도 무한정 살기 좋은 곳만은 아니랍니다. 저지대보다 태양에너지를 많이 받기 때문에 자외선이 상당히 강해 피부가 쉽게 그을려요. 그래서 이 지역에 사는 사람들은 대부분 피부가 어둡지요. 여행으로 잠깐 다녀오는 정도는 괜찮을 거라 생각할 수 있지만 절대 그렇지 않습니다. 고도가 높아 온도가 낮기 때문에 선선한 날씨에 방심하기 쉬운데 그랬다가는 강력한 자외선의 영향으로 자기도 모르게 피부에 화상을 입을 수 있어요. 또 기온이 높지 않고 땅이 척박해 농사를 짓기도 불리한 점이 많습니다. 우리나라처럼 쌀농사를 지을 수도 없고, 유럽이나 미국처럼 밀농사를 지어 살기에도 조건이 너무 열악한 거죠. 어쩔 수 없이 그들은 감자나 옥수수처럼이 척박한 자연환경에서도 살아남을 수 있는 품종을 바탕으로 음식 문화를 발달시켰어요. 이 두 가지 모두 남미에서 처음 생산되어 전 세계로 뻗어나간 유명한 식량 작물이죠. 우리나라에서는 비교적 고도가 높은 강원도에서 옥수수와 감자를 많이 생산하는 것도 이와 비슷한 자연환경을 가졌기 때문이랍니다.

경제를 공부하다 보면 '기회비용'이라는 용어를 배우게 돼요. 하나를 선택할 때 포기해야 하는 다른 하나의 가치를 말하는 거예요. 남미의 원주민들은 조금 더 쾌적하고 상쾌한 기후를 위해 낮고 평평한 땅에서 얻을 수 있던 많은 것들을 포기했던 거죠. 우리의 삶이 선택의 연속이라고 생각해 보았을 때 이들이 이런 선택을 하는 데 있어 얼마나 많은 고민과 시행착오를 겪었을지 상상도 하지 못하겠네요. 하나의 지역에서 만들어진 독특한 문화는 자연환경에 맞게 그저 만들어진 것이 아니에요. 수많은 시간 동안 수많은 사람들의 시행착오를 바탕으로 만들어진, 즉 기회비용을 최소화한 생활양식입니다. '우리 문화는 과연 어떤 것을 포기하고 현재까지 이어져 오고 있을까?' 한번 고민해 보는 것도 세상을 이해하는 힘을 기를 수 있는 좋은 기회가 될 거예요.

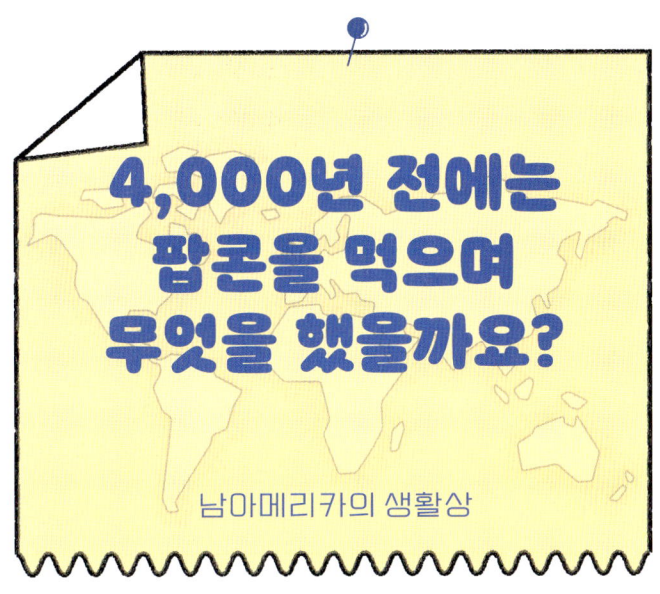

# 4,000년 전에는 팝콘을 먹으며 무엇을 했을까요?

남아메리카의 생활상

## 세계인의 밥상을 책임지고 있는 작물들

여러분은 평소 어떤 음식을 즐겨 먹나요? 오늘날 우리는 한식뿐만 아니라 세계의 다양한 음식과 그 식재료들을 쉽게 접할 수 있어요. 여러분이 좋아하는 음식 재료 중에 토마토, 감자, 고구마, 옥수수, 고추로 만든 것도 있나요? 이 식재료들이 들어간 다양한 음식을 접할 기회가 많다 보니 이 작물들이 우리나라 고유 작물이라고 생각했을 수도 있어요. 예를 들어 평소 조림, 전, 부침 등으로 많이 먹고 있는 감자조차도 우리나라에서 널리 먹기 시작한 것은 100년 정도밖에 되지 않았답니다. 사실은 토마토, 감자, 옥수수, 고추 모두 남아메리카 대륙이 고향인 작물이에요.

## 울퉁불퉁 못생긴 감자, 세계인의 희망이 되다

감자는 기원전 3,000년경부터 안데스산맥에 살던 원주민들에 의해 재배되어 잉카문명의 주요 식량으로 자리매김했답니다. 이후 16세기경 스페인 사람들이 남미 대륙을 정복해 가던 중 감자를 본국으로 가져가면서부터 유럽으로 전파되기 시작했어요. 감자가 전파된 초기만 해도 울퉁불퉁한 생김새 때문에 감자를 먹으면 질병에 걸린다거나 독이 퍼져 죽는다는 미신이 퍼져 식용 작물로 여겨지지 않았지요. 감자는 성경책에도 나오지 않는 식물이라는 이유로 '악마의 선물'이라고 불리기도 했어요. 하지만 척박한 땅에서도 잘 자라고 단기간에 대량 생산이 가능한 감자는 유럽의 극심한 흉년에 든든한 식량 역할을 하기 시작했지요.

특히 18세기 '감자 대왕'이라고 불린 프로이센의 프리드리히 2세의 유명한 일화를 빼놓을 수 없죠. 그는 잇따른 전쟁으로 국토가 황폐해지자 국토를 재건한다는 명목으로 농가에 감자를 재배하도록 했어요. 또 당시 감자에 대해 부정적이었던 백성들의 생각을 바꾸기 위해 매일 감자를 먹으며 본보기가 되어 주었죠. 게다가 감자를 재배하는 자신의 정원 경호를 일부러 삼엄하게 하고 '귀족만 먹을 수 있는 음식'이라는 칙령을 내려 서민들의 호기심을 자극했어요. 원래 비밀스러운 것이 더 궁금하기 마련이니까요. 그 결과 독일에서 점차 감자 재배가 확대되기 시작했답니다. 덕

## 감자의 전파 경로

1. 감자의 원산지는 고대 페루 지역이에요.
2. 스페인 사람들이 남미 대륙을 점령하면서 감자가 유럽으로 전파됐어요.
3. 프로이센의 프리드리히 2세가 전쟁으로 식량이 줄어들자 농가에 감자를 재배하도록 했어요.
4. 영국의 식민지배가 시작되어 착취가 심해지자 아일랜드인들이 감자를 재배하기 시작했어요.

분에 전쟁으로 피폐해졌던 독일은 감자로 흉년 위기를 넘기게 되었고, 이후 감자 재배 지역은 유럽 전역으로 빠르게 확산되었지요.

독일 외에도 감자 없이는 설명할 수 없는 역사를 가진 나라가 있어요. 바로 아일랜드이지요. 아일랜드는 16세기부터 약 400년 동안이나 영국의 식민지였어요. 본격적인 영국의 식민 지배가 시작되면서 착취가 심해지자 아일랜드인들은 극심한 가난과 빈곤에 시달리게 되었어요, 그런데 때마침 도입된 감자는 쉽게 키울 수 있고 생산량도 많아 굶주린 아일랜드 사람들의 배를 채우기에 안성맞춤이었죠. 하지만 1845년부터 발생한 '감자 마름병(감자 줄기 등에 세균이 침투해 말라 죽는 병)'이 번지면서 감자 수확이 급격히 줄어 수많은 사람이 굶어 죽는 일이 벌어졌어요. 이후로도 몇 년 동안 이어진 흉년으로 인해 당시 아일랜드 전체 인구의 25%에 해당하는 100만 명이 사망하는 최악의 대기근이 발생하게 됩니다. 생존자 중에서 100만 명 이상의 사람들은 살아남기 위해 북미 대륙으로 이주하였죠. 당시 그들이 아메리카 대륙으로 가져온 씨감자는 미국 전역에서 재배되게 되었어요. 이후 감자는 미국인의 주식으로 자리 잡아 다양한 요리로 만들어지고 있어요. 특히 패스트푸드의 천국인 미국에서 햄버거와 함께 세트로 즐겨 먹는 감자튀김도 아일랜드 이주자들이 들여온 감자 덕분이죠.

우리나라에서도 감자는 고구마와 더불어 구황작물(나쁜 기상 조건으로 주요 식량 작물이 흉작인 경우에도 상당한 수확을 얻을 수 있는 작물)로서 훌륭한 역할을 해 주었어요. 이렇듯 감자 재배의 역사를 보면 공통적으로 흉년을 극복하기 위한 목적이 크다는 것을 알 수 있어요. 강인한 생존력과 적응력을 가진 감자는 인류의 인구 증가와 인구 대이동과 함께한 작물이에요. 그리고 나아가 이제는 우주에서도 재배될 수 있는 작물로 기대

받고 있어요. 안데스에서 우주까지! 감자의 여정에는 한계가 없어 보이네요.

## 옥수수는 미래 에너지의 희망이 될 수 있을까?

만약 여러분이 바쁜 아침에 콘플레이크와 우유를 먹고 영화를 보며 팝콘을 먹어 본 적이 있다면 아메리카 원주민들에게 고마워해야 할 거예요. 팝콘은 지금으로부터 약 4,000년 전에 아메리카 원주민들이 발명한 음식이니까요. 아메리카 대륙의 마야, 아스테카, 잉카문명 사람들은 숙련된 농부였어요. 세 문명 모두 따뜻하고 습한 저지대부터 춥고 건조한 고지대에 이르는 농경지에서 다양한 작물을 재배했지만 그중에서도 가장 중요한 작물은 옥수수였어요.

기원전 7,000년 무렵부터 재배하기 시작한 옥수수는 아메리카 원주민들에게 단순한 음식 그 이상이었어요. 마야문명에서는 인간이 옥수수에서 탄생했다고 믿었고, 마야 농사력의 한 해의 시작과 끝은 옥수수 재배 시기와 일치합니다. 아스테카문명에서는 옥수수를 신으로 숭배했어요. 이렇듯 옥수수는 아메리카 원주민들의 삶과 함께하는 작물이자 가장 중요한 식량 자원이었어요.

하지만 1492년 아메리카 땅에 처음 도착한 콜럼버스에게 금색 빛의 키 큰 풀인 옥수수는 매력적인 대상이 아니었어요. 그와 그의 무리들은 금색 풀이 아닌 진짜 금을 원했거든요. 하지만 옥수수는 감자만큼이나 열악한 환경에서 잘 자라고 생산량도 많아요. 게다가 맛도 좋아 전 세계로

 **토르티야로 만든 부리토의 모습**

 부리토는 토르티야에 쇠고기나 닭고기, 콩 등 다양한 재료를 얹어 감싼 다음 양념을 발라서 먹는 음식이에요.

전해져 현재는 쌀, 밀과 더불어 세계 3대 식량 작물로 꼽히지요. 현재 세계 1위 옥수수 생산국인 미국의 연간 옥수수 재배 가치(500억 달러)는 미국에서 채굴되는 금(50억 달러)보다 10배 더 크다고 하니 진짜 황금빛 작물이 된 거예요.

옥수수는 특유의 고소하고 달콤한 맛이 매력적이죠. 사람들은 옥수수를 다양하게 요리해 즐기고 있어요. 신선한 옥수수는 바로 삶거나 튀기거나 볶아서 먹고, 말린 옥수수는 가루로 갈아 구워 먹을 수 있어요. 그중 대표적인 것이 '토르티야(작은 케이크라는 의미)'예요. 전통적인 토르티야는 옥수수 가루를 반죽한 뒤 둥글고 얇게 살짝 구워 낸 전병이라고 할 수 있어요. 우리가 밥만 먹지 않고 반찬을 곁들이는 것처럼, 토르티야 자체만 먹기보다는 여러 가지 재료와 소스를 곁들여 다양한 형태로 먹어요. 토르티야에 고기나 채소 등을 싸 먹는 타코, 부리토 등이 대표적이죠. 이 외에도 옥수수를 활용해 만들 수 있는 음식은 무궁무진하여 세계인의 입을 즐겁게 해 준답니다.

옥수수는 식재료뿐만 아니라 미래 에너지로도 주목받고 있어요. 혹시 옥수수로 달리는 자동차를 본 적이 있나요? 정확히는 옥수수를 주원료로 한 발효 알코올을 연료로 하는 자동차랍니다. 우리에게는 아직 생소하지만 브라질과 미국에서는 이미 많은 자동차가 바이오 에탄올 연료를 사용하고 있어요. 바이오 에탄올은 바이오 에너지의 일종이에요. 바이오 에너지란 바이오매스를 연료로 해 얻는 에너지를 말해요. 좀 어렵게 느껴질 수 있는 용어인 바이오매스는 옥수수 등의 곡물을 비롯해 식물, 동물 분뇨, 음식물 쓰레기 등에서 얻는 에너지를 말해요. 특히 옥수수, 사탕수수, 고구마, 감자 등 녹말 작물에 포함된 포도당을 추출해 특정 미생물에게 먹이로 주면 발효를 거쳐 에탄올이 만들어지는데, 이것을 바이오 에탄올 연료라고 해요. 이는 환경오염 물질이 거의 없고 식물에서 얻을 수 있는 재생 가능한 에너지예요. 물론 아직까지 생산 과정에서 작물 재배로 발생하는 온실가스 문제, 환경오염, 생물 다양성 파괴 문제, 인간이 먹을 수 있는 식량을 연료로 사용하면서 식량난을 가중시킨다는 문제 등이 있어요. 하지만 이런 한계에도 불구하고 인류의 자원 걱정을 덜어 줄 미래 에너지로 옥수수의 역할이 상당히 커 보입니다.

3장

# 우주도 우리 꿈의 무대예요!

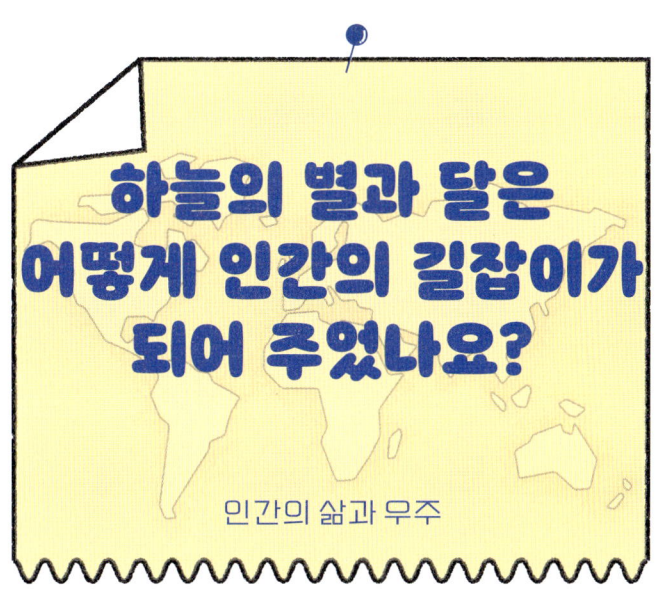

# 하늘의 별과 달은 어떻게 인간의 길잡이가 되어 주었나요?

인간의 삶과 우주

## 무료 네비게이션 길잡이 별

인류가 이 세상에 존재한 순간부터 생존을 위해 가장 필요한 능력은 무엇이었을까요? 아마도 길 찾기 능력이었을 겁니다. 살아남기 위해서는 필요한 식량이 어디에 있는지 찾아내야 하고 찾은 다음에는 그것을 들고 다시 집으로 돌아와야 합니다. 단순히 먹고살기 위해서라도 길 찾기 능력은 필수였죠. 그런데 내비게이션도 없던 옛날 사람들이 어떻게 길을 찾고 이동할 수 있었는지 궁금하지 않나요? 심지어 나침반조차 없던 시절에는

**북두칠성과 카시오페이아자리를 이용해 북극성을 찾는 방법**

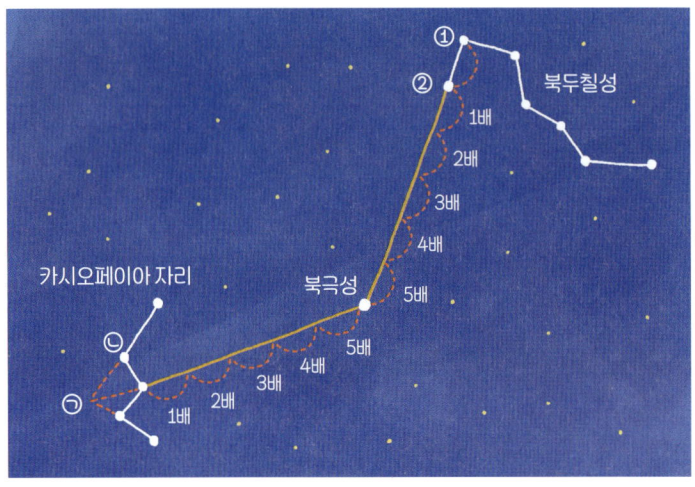

- 카시오페이아자리를 이용한 방법
  - 카시오페이아자리를 바깥쪽 두선을 연장해 만나는 점인 ㉠을 찾음
  - ㉠과 ㉡을 연결하고 그 거리의 다섯 배만큼 떨어진 곳에 있는 별을 찾음
- 북두칠성을 이용한 방법
  - 북두칠성의 국자 모양 끝부분에서 ①과 ②를 찾음
  - ①, ②를 연결하고 그 거리의 다섯 배만큼 떨어진 곳에 있는 별을 찾음

방향도 찾기 어려웠을 것 같은데 말이죠. 특히 망망대해 위에서 배를 운항하는 사람들은 깜깜한 밤에도 쉬지 않고 이동해야 했기에 그들만의 길 찾기 비법이 필요했지요. 그들은 바로 우주에서 답을 얻었어요. 밤하늘의 별과 달 등의 천체 현상들이 뱃사람들에게는 훌륭한 나침반이자 항해

 남십자성을 이용하여 남쪽 방향 찾기

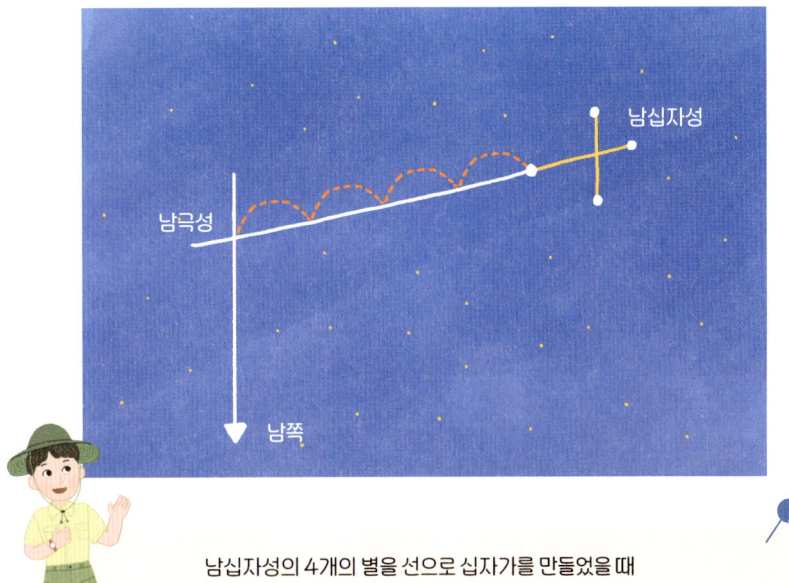

남십자성의 4개의 별을 선으로 십자가를 만들었을 때 긴 축을 약 4.5배 한 지점이 남극을 가리킨다고 해요.

의 기준점이었지요. 당시 항해사들은 '무료 내비게이션'인 별의 움직임을 통해 이동 거리와 방향, 시간 변화까지 계산해서 길을 찾아야 했기에 천문학에 대한 지식도 뛰어났어요. 낮에는 일출과 일몰을 통해 동서 방향을 구분해 가고 밤에는 별과 별자리를 활용했어요. 특히 가장 중요한 길잡이 별 역할을 했던 별로 북반구에서는 북극성, 남반구에서는 남십자성이 있어요. 이 별들을 통해 자신의 위치와 방향을 파악하고 나아갈 수 있었던 거지요.

그럼 길잡이 별은 어떻게 찾았을까요? 북반구에서는 북극성을 찾기 위해 밝은 별들로 이루어진 북두칠성이나 카시오페이아자리를 활용했어요. 북두칠성은 큰곰자리의 꼬리 부분에 해당하는 별들로, 밝은 별들이 국자 모양으로 연결되어 쉽게 관찰할 수 있어요. 그래서 북두칠성만 잘 찾으면 상대적으로 빛이 약한 북극성을 찾기가 쉬워지지요. 위치가 변하는 다른 별들과 달리 북극성은 항상 그 자리에서 북쪽을 알려주는 하늘 위 나침반이었기에 매우 중요한 별이에요. 북극성을 찾은 다음에는 그것을 기준으로 동쪽, 서쪽, 남쪽을 파악했어요. 잠시 길을 잃어도 북극성을 찾아 다시 나아갈 수 있었던 거예요. 먼 옛날 먼 길을 떠나는 사람들에게 북극성은 참 고맙고 위로가 되는 존재였을 것 같아요.

반면, 적도 아래의 남반구에서는 북극성을 관측할 수 없어요. 그런데 북극성과 대응되는 남극성이 없기에 대신 십자가 모양의 남십자성(남십자자리)이 그 역할을 대신해 왔어요. 남극점에 가까운 별자리 중 밝은 빛을 띠는 남십자성을 기준으로 삼은 것이죠. 이로 인해 남반구에서는 남십자성이 차지하는 위상이 북반구의 북극성이나 북두칠성보다 훨씬 커요. 그래서인지 국기에 별이 그려진 여러 나라 중에서도 남반구 국가인 오스트레일리아, 뉴질랜드, 파푸아뉴기니 등의 국기에는 남십자성이 그려져 있지요.

## 삶의 길잡이가 되어 준 우주의 질서

이동 생활을 하며 살아온 문명권에서 중요한 길잡이 역할을 한 별은 정착

생활을 하는 농경 문화권에서도 중요한 관찰 대상이었어요. 특히 씨를 뿌리고 수확하는 날을 정확하게 아는 것은 생존과 직결되는 중요한 문제였죠. 그래서 천체의 변화를 연구해 날짜와 계절의 흐름을 파악하고, 이를 바탕으로 달력을 만드는 일을 중요하게 여겼어요. 오래도록 하늘을 관찰하고 정리한 결과 해, 달, 별들의 움직임에는 일정한 규칙이 있다는 것을 알게 되었지요. 밤낮의 변화, 사계절 그리고 달의 형태 변화의 주기를 파악한 거예요. 특히 해와 별들이 뜨고 지는 위치와 시간의 변화가 계절과 밀접하게 연관되어 있다는 것을 알게 되었죠. 이런 천체 운행의 주기적이고 규칙적인 현상을 정리해서 하루와 한 달, 그리고 1년의 길이를 정했어요. 문명권마다 달력의 형태와 주기는 다소 차이가 있지만 달력은 중요한 삶의 길잡이가 되어 주었죠.

우리나라에도 오래전부터 별을 관측하고 이용해 온 흔적들이 곳곳에 남아 있어요. 충북 청주에서는 북두칠성과 북극성, 카시오페이아자리가 새겨진 고인돌이 발견되었고, 고구려 고분 벽화에서는 별자리 그림도 발굴되었지요. 또 2018년 평창 동계 올림픽 개막식을 화려하게 장식했던 〈천상열차분야지도〉도 빼놓을 수 없지요. 조선 초기에 제작된 이 하늘 지도는 우리 선조들의 우주에 대한 높은 관심과 지식수준을 알려주는 대표적인 증거이지요.

특히 조선시대 세종은 다방면에 많은 업적을 남겼지만 하늘에 대한 관심도 대단했어요. 세종은 국가 통치의 가장 중요한 가치를 농업과 백성에 두고 애민정신을 실천한 왕이지요. 농업이 산업의 거의 전부였던 당시에는 하늘의 움직임을 읽고 백성들에게 절기와 시간을 정확히 알려 주

**선조들의 우주에 대한 높은 지적수준을 말해주는 〈천상열차분야지도〉**

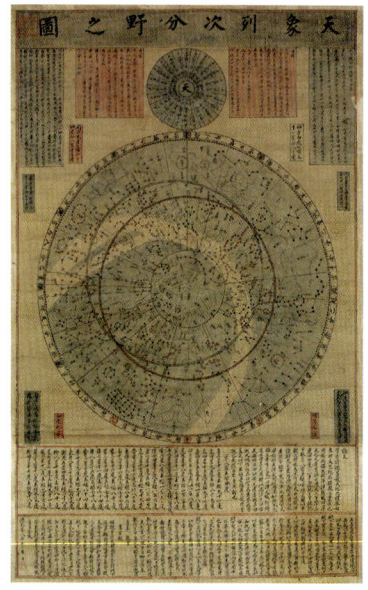

별자리 그림을 중심으로 해와 달에 대한 간단한 설명과 함께 절기별 별자리는 물론 당시의 우주관을 파악할 수 있는 정보들이 설명되어 있어요.

는 것은 가장 중요한 일 중 하나였어요. 하지만 당시 사용하고 있던 중국의 역법(달력을 만드는 법)은 우리나라에 딱 맞지 않아 여러 가지 오차와 오류가 발생해 혼란을 주었어요. 그래서 세종은 우리 하늘에 맞는 역법을 만들고자 했지요. 그렇게 탄생한 것이 '칠정산'이라는 달력이에요. 또 앙부일구(해시계)도 만들었지요. 씨를 뿌리고 수확하는 주기는 해가 뜨고 지는 위치 및 고도와 잘 들어맞기에 농사에 중요한 24절기는 해의 운행에 맞춰 정해졌어요. 앙부일구(해시계)는 시각뿐만 아니라 24절기도 함께 알 수 있는 획기적인 시계로 백성들이 농사 시기를 놓치지 않게 도와주었어요. 백성들을 위해 세종대왕은 헤아릴 수 없을 만큼 하늘을 올려다봤을 거예요.

한편, 일반 백성들에게도 천체 현상은 삶의 중요한 길잡이였어요. 당시 백성들은 천문학에 대한 지식이 턱없이 부족했어요. 그럼에도 불구하고 천체 현상에 나름의 해석을 담아 한 해 농사의 운명을 예상해 보고 개인의 길흉화복을 점쳐 보기도 하였죠. 또 종교적 의식이나 삶의 중요한 날을 결정하는 기준으로 삼기도 했어요. 달과 별을 향해 자신들의 앞날에 대한 간절한 소원과 희망을 담아 보내기도 했지요.

## 인공위성, 현대인들의 길잡이가 되다

오래전부터 별은 인간의 상상력의 원천이 되었어요. 그래서 다양한 문명권에서 별과 관련된 여러 이야기들이 만들어졌지요. 우리나라도 견우와 직녀 이야기, 해와 달이 된 오누이 등 별을 주제로 한 이야기가 전해져요. 어떤 나라에서는 별들을 이어 별자리를 만들고 별들과 관련된 신화와 전설을 만들어 냈고요. 또 동서양을 막론하고 지구의 유일한 위성인 달에 대한 다양한 해석과 이야기가 무궁무진하지요.

이렇듯 우주 공간과 별은 오래도록 인간에게 신비로운 대상이었어요. 하지만 과학기술의 발달로 이제는 인간이 직접 별을 쏘아 올려 보낼 수 있게 되었어요. 무슨 이야기냐고요? 바로 인간이 만든 위성, 인공위성을 말해요. 1957년 러시아가 발사한 첫 인공위성 이후 미국과 러시아의 우주개발 경쟁으로 인공위성 기술이 급속하게 발전했어요. 초기 인공위성은

## 해시계 앙부일구의 구조

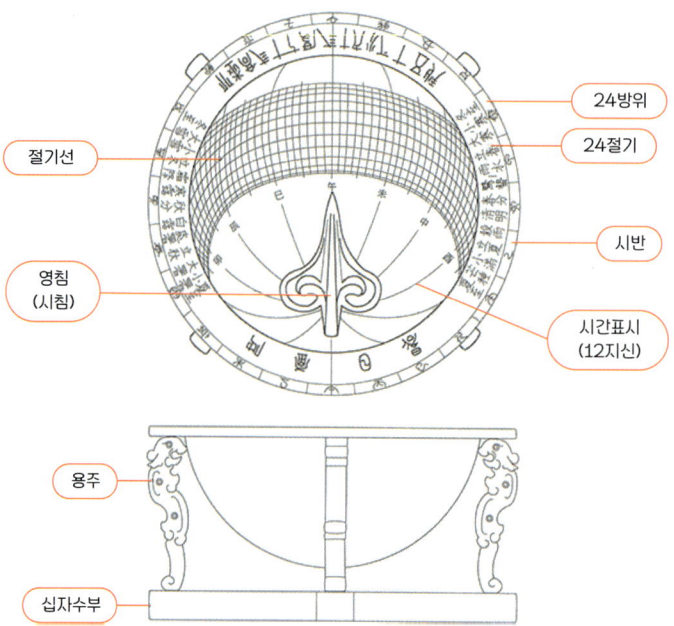

- 절기선
- 영침 (시침)
- 24방위
- 24절기
- 시반
- 시간표시 (12지신)
- 용주
- 십자수부

주로 군사적 목적으로 만들어졌지만, 오늘날에는 수천 개가 넘는 인공위성들이 기상 관측, 우주 탐사, 지도 제작 등 다양한 분야에 활용되는 정보를 제공해 주며 지구 주변을 돌고 있어요.

    이 중 우리가 일상생활에서 가장 많이 활용하는 인공위성 정보에는 어떤 것이 있을까요? 혹시 핸드폰으로 직접 길 찾기를 해 본 적이 있나요? 누구나 컴퓨터, 핸드폰, 내비게이션의 전자 지도에 목적지를 입력하면 다양한 이동 수단과 경로, 시간 등을 쉽게 알 수 있지요. 게다가 실시간으로 나의 위치와 이동 방향에 대한 정보도 파악할 수 있고요. 그래서 이제는 웬만한 '길치'도 길을 잃기 어려운 세상을 살고 있어요. 처음 가는 낯선 곳도 큰 걱정 없이 출발할 수 있게 되었죠. 이렇게 위치 정보를 제공하는 위성을 GPS(Global Positioning System, 위성 위치 확인 시스템) 위성이라고 해요. GPS를 활용한 위성은 위치 정보를 담은 전파를 보내 선박, 비행기, 심지어 개인의 정확한 위치까지도 알려 주죠. 과거에 우주의 별들이 해 주었던 역할을 이제는 인간이 만들어 쏘아 올린 별, 인공위성이 대신해 주고 있답니다. 그때나 지금이나 인간은 별에 의지하며 살아가고 있네요.

## 우주여행, 상상이 아닌 현실로

달로 휴가를 떠나는 상상을 해 본 적이 있나요? 이제는 상상을 넘어 곧 현실이 될 날이 머지않은 것 같아요. 최근 미국에서는 민간인을 태운 우주여행이 여러 차례 성공했다는 소식이 전해지고 있어요. 물론 아직은 세계에서 가장 비싼 여행이라고 불리는 우주여행을 떠나기 위해 어마어마한 비용을 지불해야 해요. 하지만 과거에는 너무 비싸 엄두가 나지 않던 항공 해외여행이 지금은 대중화된 것처럼 민간 우주여행도 그런 날이 올 것이라고 기대해요. 곧 달로 여행을 가는 중에 우주정거장에 있는 호텔에서 잠도 자고 우주에서 지구를 바라보며 식사도 하는 즐거운 상상을 해 보세요.

'상상력은 종종 우리를 과거에는 결코 없었던 새로운 세계로 인도한다. 하지만 상상력 없이 갈 수 있는 곳은 없다.'고 말한 미국의 천문학자 칼 세이건(Carl Edward Sagan)처럼 우주를 향한 인간의 상상력과 바람이 우리를 우주로 이끌어 줄 거예요.

## 위기의 지구, 우주에서 답을 구할 수 있을까

그런데 한편으로는 '천문학적인 돈을 들여 가며 굳이 우주로 나가는 것이 의미가 있을까?', '인류는 왜 큰 소득도 없는 우주탐사에 경쟁적으로 도전하는 걸까?'라는 의문을 가지는 사람도 있어요. 이런 의문에 대한 답 중 하나는 '위기의 지구를 위해서' 입니다.

인류는 지속적으로 문명의 발전을 이루었지만 폭발적인 인구 성장과 그로 인한 환경오염, 기후변화, 식량 부족, 자원 부족 문제에도 직면해 있어요. 이미 많은 전문가들이 머지않아 기후변화로 심각한 식량 부족, 물 부족으로 인류가 큰 위험에 처할 것이라고 경고하고 있지요. 심각한 상황에 처할 수 있다는 위기감에 빠진 인류는 자연스레 우주로 관심의 눈길을 돌리게 되었어요.

가장 빠르게 답을 얻을 것으로 기대하는 분야는 자원 분야예요. 석유, 천연가스 같은 에너지 자원은 많은 사람들이 필요로 하지만 지리적으로 특정 지역에 치우쳐 분포하는 편재성이 매우 높아요. 그래서 자원 보유국들에 의해 일방적으로 가격과 생산량이 결정되는 경우가 많습니다.

희토류(稀土類, Rare Earth Elements)라는 자원도 마찬가지입니다. 희토류는 말 그대로 흙에서 희귀하게 구할 수 있는 원소에요. 희토류는 4차 산업에 없어서는 안 될 자원이기에 '4차 산업의 쌀', '첨단산업의 비타민'으로 불리지요. 화학적으로 안정돼 있고 열과 전기가 매우 잘 통하는 성격을 가지고 있어서 반도체, 디스플레이, 전기차나 태양광 발전 등 광범위한 분야에 활용되고 있어요. 그래서 희토류는 우리나라를 포함한 많은 국가에서 필요로 하는 자원이에요. 문제는 이 희토류의 편재성이 너무 크다는 것이에요. 상당량의 희토류가 중국에 매장되어 있고 현재 전 세계에서 가장 희토류를 많이 생산하는 국가도 중국이에요. 그래서 중국은 일본과의 영역 갈등, 미국과의 무역 분쟁이 있을 때마다 압박 수단으로 희토류를 사용합니다. 희토류를 독점하고 있는 국가로서 자원을 빌미로 협박을 하는 '자원의 무기화'를 보여준 것이죠. 실제로 미국에서 수입하는 희토류 대부분이 중국산이기에 두 국가 간에 갈등이 반복될 때마다 이런 불안은 피하기 어려워 보여요.

그래서 희토류를 안정적으로 확보할 수 있는 곳으로 주목하고 있는 곳이 바로 우주예요. 희토류에 대한 자원의 무기화가 계속될 때를 대비해 한국을 포함한 많은 국가가 달의 희토류 매장량 지도를 만들고 우주에서 희토류를 채굴하는 방법을 활발히 연구하고 있어요. 최근 미국항공우주국(NASA)은 21세기 안에 희토류가 풍부한 것으로 밝혀진 달에서 채굴이 가능할 것으로 전망했어요. 희토류는 우주에서 날아든 운석 등을 통해 공급될 수 있어요. 하지만 지구로 향하는 운석 대부분은 지구 대기권으로 진입하면서 타서 사라져 버리죠. 무사히 지표에 떨어지더라도 다양한 기상 현상이 나타나는 지구에서는 침식과 풍화작용으로 인해 희토류가 그대로 쌓여 있기가 힘들죠. 반면, 달에는 대기가 없어서 운석 등을 통해 들어온 희토류가 그대로 쌓여 있을 수 있는 환경이에요. 이 때문에 일부 희토류는 달에 지구보다 10배 이상 많은 양이 매장되어 있답니다. 달에서 채굴하는 비용과 지구로 운반하는 비용이 꽤 든다 해도 금보다 비싼 희토류가 많기에 경제적 가치는 충분할 것으로 예상하지요. 이 같은 사실이 알려지면서 세계 각국과 민간 개발 업체들이 앞다투어 우주 광산 개발을 준비하고 있어요. 최근 미국, 러시아, 중국, 일본 등이 발표한 우주 사업 계획을 보면 본격적인 자원 경쟁의 무대가 우주로 옮아갈 날이 머지않아 보여요.

## 우주에서 삼시 세끼, 지구가 아닌 다른 별에서 살 수 있을까?

세계적인 물리학자 스티븐 호킹(Stephen William Hawking)은 한 인터뷰에서 기후변화, 소행성 충돌, 핵전쟁 등의 이유로 "인간은 지구를 떠나야 한다."라고 말한 적이 있어요. 실제로 지구 생태계가 인간이 살 수 없을 정도로 파괴될지 모른다는 두려움과 지구의 불확실한 미래는 우주 개척의 이유가 되어 왔지요. 그래서 지구를 대체할 수 있는 별에 대한 관심이 커지고 탐사도 꾸준히 이루어졌어요. 그 결과 지구와 비슷한 조건을 가진 것으로 추측되는 별만 수백 개가 발견되었지요. 하지만 대부분 지구에서 단순히 탐사를 떠나기에도 너무 먼 거리에 위치해요.

그래서 태양계 내 행성 중 가장 큰 관심을 받은 것이 화성입니다. 화성은 여러 면에서 지구와 비슷한 환경을 갖추고 있어 '제2의 지구'로 불리지요. 이미 화성으로 보낸 무인 탐사선을 통해 인간 생존에 필수인 물의 존재가 밝혀지면서 더 희망을 키우게 되었죠. 또 화성은 주성분이 이산화탄소이긴 하지만 대기도 있답니다. 게다가 화성도 자전축이 25° 정도 기울어져 있어 지구처럼 사계절이 나타나지요. 화성의 자전주기 또한 지구와 비슷해서 화성 1일과 지구 1일의 길이가 거의 같아요. 이렇게 화성은 지구에서의 인간의 삶을 이어 갈 수 있는 첫 번째 후보지로 손꼽히고 있어요.

하지만 아직은 단 한 번도 유인 탐사선조차 보내지 못했기에 해결해 가야 할 숙제들이 많아요. 그중 가장 중요한 것이 생존과 직결되는 식량 문제이지요. 지구에서 가져간 식량도 몇 년이 지나면 동이 날 수밖에 없어요. 그렇다고 매번 지구에서 식량을 가져다 줄 수도 없는 노릇입니다. 현재 지구에서 가져가는 우주 식량은 유통기한이 3년 정도예요. 화성 이주를 위해 3년보다 더 긴 시간 우주에서 생활하려면 우주에서 직접 식량을 재배해 먹을 수 있어야 해요. 진공 포장 식품이 있지만 장기간 보관하면 변질될 수 있고 영양소도 파괴될 가능성이 높지요. 그래서 이미 오래전부터 우주에서 어떤 식량을 재배할 수 있는지를 밝혀내는 것이 탐사선의 주요 과제 중 하나였어요.

이미 영화 〈마션〉에서는 화성에 홀로 남겨진 사람이 살아남기 위해 화

📍 지구와 화성 비교

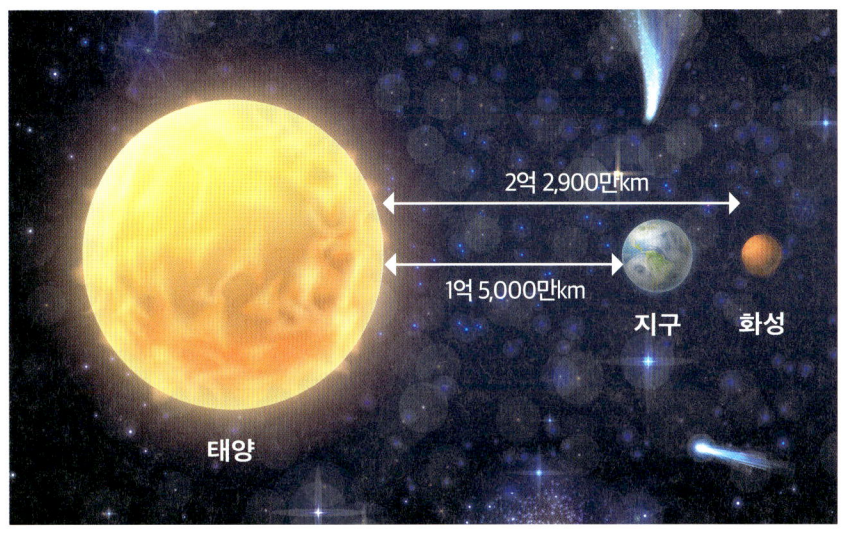

|  | 지구 | 화성 |
|---|---|---|
| 1년 | 365일 | 687일 |
| 하루 | 24시간 | 24시간 39분 25초 |
| 지름 | 1만 2,756km | 6,792km |
| 무게 | $5.9742 \times 10^{24}$kg | $6.4169 \times 10^{23}$kg |
| 태양과의 거리 | 1억 5,000만km | 2억 2,900만km |
| 자전축 기울기 | 23.5° | 25° |

성 토양 위에 감자를 심고 재배에 성공한 내용을 담아 인기를 끌었지요.

실제로 다른 농작물에 비해 생존력이 뛰어나고 영양 성분도 풍부한 감자는 물과 산소가 귀한 우주에서 키우기에 가장 적합한 농작물로 꼽혀요. 그런데 곧 영화 속 상상의 내용이 현실이 될 것으로 전망되고 있어요. 최근 우주와 비슷하게 꾸민 환경에서 감자 재배 실험에 성공했다는 소식이 전해지면서 우주에서의 농사 가능성에 대한 희망이 커지고 있답니다. 인류 역사에서 오랫동안 '구황작물'의 역할을 톡톡히 해 주었던 감자가 우주 시대에도 가장 중요한 식량 작물이 될 것으로 예상하는 이유예요. '당신이 상상한 모든 것은 현실이 된다.'고 했던 피카소의 말처럼 우리가 우주에 대해 상상을 멈추지 않고 나아간다면 위기의 지구에 대한 답도 찾을 수 있을 거예요.

## 감사의 글

이 책이 나오기까지 전 과정을 묵묵히 지켜보며 지지해 준 사랑하는 아내 조은아와 가족 모두에게 감사의 인사를 전합니다. 종신계약을 하자는 을의 제안을 쿨하게 받아주신 갑 휴먼큐브 황상욱 대표님과 윤해승 부장님께 충성을 맹세합니다. 앞으로 종신계약을 체결해주실 갑 멀리깊이 박지혜 대표님께도 미리 감사드립니다. 지리교육의 아버지 류재명 교수님, 지리교육의 삼촌 박대훈 선생님이 안 계셨다면 지리교육의 아들도 없었을 겁니다. '최선을 다하는 지리 선생님' 모임에서 최선을 다하지 않고 있음에도 늘 응원해 주시는 '최지선' 소속 모든 선생님께 이 자리를 빌려 앞으로 최선을 다하겠다는 지키지 못할 약속을 해 봅니다. 교사의 꿈을 꾸게 해주신 변경석 선생님, 박현숙 선생님, 이유정 선생님 그리고 남성은 선생님의 하늘 같은 은혜를 늘 우러러보겠습니다. 멀리 LA에서 시차도 신경 쓰지 않고 연락하는 저를 친절히 거둬주신 공동 저자 이윤지 선생님 복 받으세요. 감사한 분들이 더 많지만 제가 시상식에서 상을 받은 상황이 아니기에 여기까지 하겠습니다. 아, 참! 독자 여러분. 제일 감사드립니다.

**이윤지**

《알면 똑똑해지리》의 저자로 함께할 수 있어 참 영광스러웠습니다. 그래서 《알면 똑똑해지리》와 함께할 수 있도록 손 내밀어준 박동한 선생님께 가장 먼저 감사의 인사를 드립니다. 그리고 항상 밝은 에너지로 응원해주시며, 저자들보다 더 많이 고민하시고 애써주신 박지혜 대표님, 황상욱 대표님, 윤해승 부장님 정말 감사합니다. 또 행복한 지리교사로 성장할 수 있도록 이끌어주시고 지금도 큰 가르침을 주시는 이영민 교수님, 이종원 교수님께도 감사 인사를 드립니다. 마지막으로 딸이자, 아내, 엄마인 저의 책이 나오기까지 따뜻한 사랑과 응원을 보내준 우리 가족에게 큰 고마움을 전합니다.

교과연계표

# 교과서에서 찾아봐요!

| 제목 | 주제 | 초등 | 중등 | 고등 |
|---|---|---|---|---|
| 1장. 우리는 지구 속 대한민국에 살아요 ||||||
| 인간은 왜 끊임없이 이동할까요? | 지리와 인간 | 3학년 1학기 3-1. 교통수단의 발달과 생활 모습의 변화 | 사회2. 7-2. 인구 이동 | 세계지리 3-2. 세계의 인구 변천과 인구 이주 |
| 인간은 왜 지도를 만들었나요? | 지도가 필요한 이유 | 4학년 1학기 1-1. 지도로 본 우리 지역 | 사회1. 1-1 다양한 지도 읽기 | 세계지리 1-2. 지리 정보와 공간 인식 |
| 대한민국은 정말로 작은 나라일까요? | 지도의 종류와 실제 면적과의 차이 | 5학년 1학기 1-1. 우리 국토의 위치와 영역 | 사회1. 1-1 다양한 지도 읽기 | 세계지리 1-2. 지리 정보와 공간 인식 |
| 정말로 우리가 사는 곳이 우리의 인생을 결정할까요? | 대한민국의 수리적·지리적·관계적 위치 | 5학년 1학기 1-1. 우리 국토의 위치와 영역 | 사회1. 1-2 위치와 인간 생활 | 한국지리 1-1. 국토의 위치와 영토 문제 |
| 왜 나라마다 시간이 달라요? | 세계의 다양한 시간 | 6학년 2학기 1-1. 지구, 대륙 그리고 국가들 | 사회1. 1-2 위치와 인간 생활 | 세계지리 1-2. 지리 정보와 공간 인식 |
| 사계절이 없다면 어떤 일이 일어나나요? | 지구 공전에 따른 계절 변화 | 6학년 2학기 1-1. 지구, 대륙 그리고 국가들 | 사회1. 1-2 위치와 인간 생활 | 세계지리 2. 세계의 자연환경과 인간 생활 |
| 남극의 펭귄과 북극곰 중 누가 더 추위에 강할까요? | 남극과 북극 | 6학년 2학기 1-1. 지구, 대륙 그리고 국가들 | 사회1. 1-2 위치와 인간 생활 | 세계지리 2-3. 냉대 및 한대 기후 환경 |
| 왜 나라마다 즐겨 먹는 음식이 다를까요? | 세계의 기후와 식량 | 6학년 2학기 1-2. 세계의 다양한 삶의 모습 | 사회1. 2. 우리와 다른 기후, 다른 생활 | 세계지리 3-4. 주요 식량 자원과 국제 이동 |

| | | | | |
|---|---|---|---|---|
| 태양과 가까운 산 정상이 왜 산 아래보다 더 추울까요? | 해발 고도에 따른 식생의 변화 | 6학년 2학기 1-1. 지구, 대륙 그리고 국가들 | 사회1. 1-2 위치와 인간 생활 | 세계지리 2. 세계의 자연환경과 인간 생활 |
| 우리나라에는 왜 산이 많아요? | 우리나라의 산지 지형 | 5학년 1학기 1-2. 우리 국토의 자연환경 | 사회1. 3-3. 우리나라의 자연경관 | 한국지리 2-1. 한반도의 형성과 산지의 모습 |
| 우리나라 하천에는 왜 큰 배가 다니지 않나요? | 우리나라의 하천 지형 | 5학년 1학기 1-2. 우리 국토의 자연환경 | 사회1. 3-3. 우리나라의 자연경관 | 한국지리 2-2. 하천지형과 해안 지형 |
| 왜 서해와 남해, 동해의 바다는 모두 다르게 생겼어요? | 우리나라의 해안 지형 | 5학년 1학기 1-2. 우리 국토의 자연환경 | 사회1. 3-3. 우리나라의 자연경관 | 한국지리 2-2. 하천지형과 해안 지형 |
| 왜 대구를 '대프리카'라고 불러요? | 우리나라의 기후 | 5학년 1학기 1-2. 우리 국토의 자연환경 | 사회1. 3-3. 우리나라의 자연경관 | 한국지리 3-1. 우리나라의 기후 특성 |
| 일본이 독도를 자기 땅이라고 우기는 이유가 뭐예요? | 한반도의 영토 분쟁 | 5학년 1학기 1-1. 우리 국토의 위치와 영역 | 사회2. 11-1 우리나라의 영역과 독도의 중요성 | 한국지리 1-1. 국토의 위치와 영토 문제 |
| **2장. 세계에는 다양한 나라들이 있어요** | | | | |
| 유독 아시아의 종교와 문화가 다양한 이유는 뭐예요? | 아시아의 영토 | 6학년 2학기 1-2. 세계의 다양한 삶의 모습 | 사회1. 4-1. 다양한 문화지역 | 세계지리 4-3. 아시아 민족(인종) 및 종교적 차이 |
| 태풍의 이름은 누가 붙이나요? | 아시아의 영토 | 5학년 1학기 1-2. 우리 국토의 자연환경 | 사회1. 5-1. 자연재해 발생 지역 | 한국지리 3-3. 자연재해와 기후 변화 |
| 왜 나라마다 새해가 다른가요? | 아시아의 생활상 | 3학년 2학기 2-2. 옛날과 오늘날의 세시풍속 | 사회1. 4-1. 다양한 문화지역 | 세계지리 4-3. 몬순 아시아와 아시아 지역의 민족(인종) 및 종교적 차이 |
| 유럽의 문화가 일찍 발전할 수 있었던 이유는 뭐예요? | 유럽의 영토 | 6학년 2학기 1-2. 세계의 다양한 삶의 모습 | 사회2. 8-2. 선진국과 개발도상국의 도시화 | 세계지리 6-1. 유럽 주요 공업 지역의 형성과 최근 변화 |

| | | | | |
|---|---|---|---|---|
| 영국의 음식문화는 왜 프랑스처럼 발달하지 못했을까요? | 유럽의 자연 | 6학년 2학기 1-2. 세계의 다양한 삶의 모습 | 사회1. 2-3. 온대 기후 지역의 생활 | 세계지리 2-2. 온대 기후 환경 |
| 달걀을 사러고 국경을 넘는다고요? | 유럽의 생활상 | 3학년 1학기 3-1. 교통수단의 발달과 생활 모습의 변화 | 사회2. 7-2. 인구 이동 | 세계지리 6-3. 유럽 지역의 통합과 분리 운동 |
| 아프리카 대륙은 왜 퍼즐처럼 생겼을까요? | 아프리카의 영토 | 6학년 2학기 2-2. 지구촌의 평화와 발전 | 사회2. 12-1. 지구상의 다양한 지리적 문제 | 세계지리 7-2. 아프리카의 다양한 지역 분쟁과 저개발 문제 |
| 사막이 자꾸 커지면 어떤 일이 벌어지나요? | 아프리카의 자연 | 6학년 2학기 2-3. 지속 가능한 지구촌 | 사회1. 2-4. 건조 기후 지역의 생활 | 세계지리 5-3. 사막화의 진행 |
| 착한 바나나라는 말이 있다는 건 나쁜 바나나도 있다는 뜻인가요? | 아프리카의 생활상 | 6학년 2학기 2-3. 지속 가능한 지구촌 | 사회2. 12-3. 지역 간 불평등 완화 노력 | 세계지리 8-3. 세계 평화와 정의를 위한 지구촌의 노력들 |
| 누가 파푸아뉴기니를 절반으로 잘랐을까요? | 오세아니아의 영토 | 6학년 2학기 2-2. 지구촌의 평화와 발전 | 사회2. 12-1. 지구상의 다양한 지리적 문제 | 세계지리 8-3. 세계 평화와 정의를 위한 지구촌의 노력들 |
| 오스트레일리아는 섬이에요, 대륙이에요? | 오세아니아의 자연 | 6학년 2학기 1-1. 지구, 대륙 그리고 국가들 | 사회1. 1-1 다양한 지도 읽기 | 세계지리 1-2. 지리 정보와 공간 인식 |
| 오스트레일리아에서는 다양한 해안 지형을 볼 수 있어요! | 오세아니아의 자연 | 6학년 2학기 1-1. 지구, 대륙 그리고 국가들 | 사회1. 3-2. 해안 지형으로 떠나는 여행 | 세계지리 2-5. 독특하고 특수한 지형들 |
| 마오리족은 왜 혀를 내밀고 춤을 출까요? | 오세아니아의 생활상 | 6학년 2학기 1-2. 세계의 다양한 삶의 모습 | 사회1. 4-3. 문화의 공존과 갈등 | 세계지리 4-3. 몬순 아시아와 아시아 지역의 민족(인종) 및 종교적 차이 |
| 미국 국기에는 별이 왜 이렇게 많아요? | 북아메리카의 영토 | 6학년 2학기 1-1. 지구, 대륙 그리고 국가들 | 사회2. 7-2. 인구 이동 | 세계지리 6-1. 북부 아메리카 주요 공업 지역의 형성과 최근 변화 |

| | | | | |
|---|---|---|---|---|
| 아기 돼지 삼 형제가 캘리포니아에 집을 짓는다면? | 북아메리카의 자연 | 6학년 2학기 1-1. 지구, 대륙 그리고 국가들 | 사회1. 5-3. 자연재해 대응 방안 | 세계지리 2-4. 세계의 주요 대지형 |
| 미국에도 추석이 있나요? | 북아메리카의 자연 | 6학년 2학기 1-2. 세계의 다양한 삶의 모습 | 사회1. 4-1. 다양한 문화지역 | 세계지리 3-2. 세계의 인구 변천과 인구 이주 |
| 왜 남아메리카 국가의 이름을 유럽에서 지었나요? | 남아메리카의 영토 | 6학년 2학기 1-1. 지구, 대륙 그리고 국가들 | 사회2. 7-2. 인구 이동 | 세계지리 7-2. 중·남부 아메리카 지역의 도시 구조에 나타난 도시화 과정의 특징 |
| 왜 산소도 부족한 산꼭대기에 살게 된 걸까요? | 남아메리카의 자연 | 6학년 2학기 1-2. 세계의 다양한 삶의 모습 | 사회1. 3-1. 산지지형으로 떠나는 여행 | 세계지리 2-4. 세계의 주요 대지형 |
| 4,000년 전에는 팝콘을 먹으며 무엇을 했을까요? | 남아메리카의 생활상 | 6학년 2학기 1-2. 세계의 다양한 삶의 모습 | 사회1. 3-1. 산지지형으로 떠나는 여행 | 세계지리 3-4. 주요 식량 자원과 국제 이동 |
| **3장. 우주도 우리 꿈의 무대예요!** | | | | |
| 별이 밤하늘의 지도라고요? | 인간의 삶과 우주 | 4학년 1학기 1-1. 지도로 본 우리 지역 | 사회1. 1-1 다양한 지도 읽기 | 세계지리 1-2. 지리 정보와 공간 인식 |
| 언젠가 우주에서 살 수 있는 날이 올까요? | 영토로서의 우주 | 6학년 2학기 2-2. 지구촌의 평화와 발전 | 사회2. 10-1. 전 지구적 차원의 기후 변화 | 세계지리 8-2. 지구적 환경 문제에 대한 국제 협력과 대처 |

## 이미지 출처

52쪽 멜버른 모습: 셔터스톡
79쪽 편마암, 화강암: 셔터스톡
83쪽 설악산, 지리산: 셔터스톡
84쪽 금강전도: 한국데이터베이스산업진흥원
92쪽 탄천: 성남시청
95쪽 경포호: 강릉시청
110쪽 세종실록지리지: 국립중앙박물관
138쪽 디왈리 축제: 셔터스톡
139쪽 홀리 축제: 셔터스톡
142쪽 방직공장 소년: 셔터스톡
162쪽 유럽기와 유로화: 셔터스톡
171쪽 어린 왕자: The Morgan Linrary & Museum
176쪽 어린왕자: The Morgan Linrary & Museum
　　　　바오바브 나무: 셔터스톡
193쪽 동물 삼총사: 셔터스톡
195쪽 해안 지역: 셔터스톡
202쪽 올 블랙스: 셔터스톡
211쪽 달과 성조기: 셔터스톡
223쪽 칠면조: 셔터스톡
244쪽 부리토: 셔터스톡
254쪽 천상열차분야지도: 국립중앙박물관
256쪽 해시계: 고궁박물관

**알면 똑똑해지리**
**: 평생 딱 한 번 읽는 지리책**

ⓒ 박동한, 이윤지

**초판 1쇄 인쇄** 2022년 12월 23일
**초판 3쇄 발행** 2025년 1월 23일

**지은이** 박동한, 이윤지
**펴낸이** 박지혜

**기획·편집** 박지혜   **디자인** this-cover
**일러스트레이션** 신나라 nardrawing@gmail.com
**제작** 제이오

**펴낸곳** ㈜멀리깊이
**출판등록** 2020년 6월 1일 제406-2020-000057호
**주소** 10881 경기도 파주시 회동길 37-20 202호
**전자우편** murly@murlybooks.co.kr
**전화** 070-4234-3241   **팩스** 031-935-0601
**인스타그램** @murly_books

**ISBN** 979-11-91439-26-7 73980

- 이 책의 판권은 지은이와 ㈜멀리깊이에 있습니다.
  이 책 내용의 전부 또는 일부를 재사용하려면 반드시 양측의 서면 동의를 받아야 합니다.
- 잘못된 책은 구입하신 서점에서 교환해 드립니다.